U0964985

新农村经济社会管理手册丛书

农村经纪人
工作手册

主　编

周　云　徐成响

副主编

何美丽　李艳华

编著者

吕予阳　潘　劲　高　莺
王兆祥　刘影云　李宝柱
范清江　刘晏辰　邱明明

金盾出版社

内 容 提 要

本书是“新农村经济社会管理手册丛书”中的一册。主要内容包括：农村经纪人的概念及基本知识、农村经纪人职业资格管理与职业道理规范、农村经纪人的营销管理、农业经营组织管理及相关的法律和法规、农村经纪人开发市场的工具、农产品品牌管理及农村经纪人经纪活动中的其他必备知识。

该书的最大特点在于既有一般经纪人的基础知识，又重点介绍了农村经纪人的专业知识；既有理论阐述，又有大量的工作实例；尤其是将农产品品牌知识作为农村经纪人的内容进行了重点介绍。这些都为做好新形势下的农村经纪人工作开阔了思路，提供了操作性的方法和要领。该书既是农村经纪人的好参谋，又可供相关院校师生阅读参考。

图书在版编目(CIP)数据

农村经纪人工作手册/周云，徐成响主编. —北京：金盾出版社，2013.8

(新农村经济社会管理手册丛书)

ISBN 978-7-5082-8254-1

Ⅰ.①农…　Ⅱ.①周…②徐…　Ⅲ.①农村经济—经纪人—手册　Ⅳ.①F321-62

中国版本图书馆 CIP 数据核字(2013)第 064291 号

金盾出版社出版、总发行

北京太平路 5 号(地铁万寿路站往南)

邮政编码：100036　电话：68214039　83219215

传真：68276683　网址：www.jdcbs.cn

封面印刷：北京精美彩色印刷有限公司

正文印刷：北京万博诚印刷有限公司

装订：北京万博诚印刷有限公司

各地新华书店经销

开本：850×1168 1/32　印张：6.5　字数：152 千字

2013 年 8 月第 1 版第 1 次印刷

印数：1～7 000 册　定价：15.00 元

序

党的十六大以来，党中央、国务院出台了一系列强农惠农富农政策，对农民收入水平的提高、农业生产的发展、农村社会的稳定都起到了十分重要的作用。近日，收到北京农学院和金盾出版社共同策划出版的《新农村经济社会管理手册丛书》的相关稿件，并邀我作序。我连日翻阅，深受启发。这套丛书对党的有关强农惠农富农政策进行了系统梳理，对宣传党的农村政策有十分重要的作用。我乐意为之作序。

众所周知，经济发展和社会管理事关国家建设全局。农业是第一产业，农民是最大群体，农村是最基层社区，因此，加快农村经济发展与加强农村社会管理，是我国构建和谐社会，确保国家繁荣发展和长治久安的基础性工程。尤其是，当前我国正处在由农业社会向工业社会、由传统社会向现代社会加快转型的关键时期，农业生产经营方式、农村经济社会结构、农民思想观念等各个方面都在发生着深刻的变化。党中央、国务院审时度势，针对农村经济社会中出现的新情况、新问题，先后出台了一系列加强农村经济社会管理的方针、政策，如何把这些方针、政策尽快地传播到农村基层，转化为广大农民热爱新农村、建设新农村的强大动力，推动我国农村经济的繁荣和社会的发展，是我们面临的一个十分紧迫的重大任务。

北京农学院和金盾出版社以其职业使命感的敏捷思维，策划出版的这套《新农村经济社会管理手册丛书》，正是为宣传贯彻党中央、国务院关于近年来出台的一系列“三农”工作方针政策而组织编写的。它以构建和创立现代农村经济社会管理体系为主线，以党和国家的规范性文件为依据，以回答当前“三农”工作中遇到的一些难点、热点问题为重点，以系列手册性工具书为载体，涵盖了农村土地流转、农民专业合作社、农业补贴政策、农村常用法律法规、农村社会保障、农产品营销、农民进城务工、新农村村干部等方面的内容。参加本套丛书编写的都是长期从事农村社会管理研究、具有相应专业特长和实践经验的专家和学者，每个分册都以相关政策法规、重点难点解读、实施办法和典型案例分析为基本内容，具有很强的科学性、查询性和指导性。工欲善其事，必先利其器。相信这套丛书的出版，必将成为各级农业部门特别是广大农村基层管理者实施农村社会管理的好参谋，必将成为广大农民朋友创业增收的好帮手。

我认为，现代农村经济社会管理是一个重大而长远的课题，随着我国经济社会的不断发展，我们在这方面还会遇到一些新情况、新问题，这就要求我们从事农村经济社会管理研究的专家和学者，在不断研究相关方针政策的同时，也要像北京农学院的同志那样，拿出一定时间和精力，同步开展一些推广普及性研究，以推动这些方针政策真正落实到农村基层，为新农村建设做出一个专家学者应有的贡献。

农业部农村经济研究中心主任 宋洪远

前言

自十一届三中全会，改革开放政策的实施，推动了商品经济发展，农村经纪活动开始出现，至2013年两会中提出“鼓励和支持承包土地向专业大户、家庭农场、农民合作社流转”，“家庭农场”的概念首次在中央1号文件中出现。可见，各级政府对“三农”问题的关注逐渐广泛和深化，尤其在提高农民经营管理水平、科学技术水平及个人素质等方面提出了更高的要求。

农村经纪人作为农业生产和市场需求之间的桥梁，见识广、信息灵，能较好地掌握市场动态，其发展和壮大将给农村注入新鲜血液，并在农村及社会经济发展中起着越来越重要的作用。

近年来，建立有机农庄的风潮涌现，农业电子商务出现并迅速发展，但商家的诚信指数却难以估量，恶性竞争日益突出，食品安全问题频频出现，农产品市场所面临的危机愈演愈烈，随着经济的发展，广大消费者更加注重农产品的质量，农村经纪人在经营活动中面临着很多问题，其行为与农民和消费者的要求存在一定的差距。怎样更好地规范农民及农村经纪人的行为，如何规范农产品市场以保障消费者和农民的合法权益，同时促进农产品经济更好、更快的发展成为当前的热点、难点问题，因此，国家已将农村经纪人的培养和考核提上了日程，并出台了一系列政策法规，以解决现存矛盾。

本书针对国家政策法规及当前农村经济发展中的热点和难点问题，在进行广泛的调查和深入研究的基础上，理论结合实际案例，从多方面对农村经纪人的相关内容进行了介绍。语言通俗易懂，内容丰富，易理解和查询。

本书开篇（第一章）先介绍了农村经纪人的定义、作用及现状等，明确了当前约束力和抗风险能力强的农村经纪人组织的发展正处于初始阶段，还存在很多不足，并指出农村经纪公司和农村经纪人专业协会是未来农村经纪人发展的必然方向。接着，对农村经纪人的相关特点、权利和义务及如何维护经纪人自身合法权益等进行了综合阐述，告诉农民朋友什么能做，什么不能做，出现问题时该怎么处理。

农村经纪人活动是以赚取佣金为目的的经营活动，独立从事经纪活动的个人或组织必须经过工商管理机关登记注册后，才能成为合法的市场经营主体。由于当前我国经纪人发展不规范，亟须将其纳入法制轨道，加强管理和监督，在规范其经营行为的同时保障经纪人的合法权益。对于大多数农民朋友而言，他们对农村经纪人职业资格证的相关内容比较陌生，因此，在第二章中，对其进行了解释说明，其中包括职业资格证的管理内容与形式，登记注册及监督管理，经营收入与职业道德等。

第三章，主要介绍了农村经纪人的营销管理。先从农产品市场的基础知识开始分析，逐步到市场营销基础内容，最后介绍谈判技巧，以使读者更好地了解和运用营销方面的知识、要领和方法。

在前三章对农村经纪人和组织的基本知识介绍之后，第四章就农业经营组织的管理及相关法律法规进行了解说。“问渠哪得清如许，为有源头活水来。”只有在源头进行科学的管控与严格的监督，才能有效地规范农村经纪人经营组织的行为。

开发市场是农村经纪人经营活动中的首要工作，对市场的正确选择需要大量切实可靠的信息作支撑，这要求经纪人对市场需求、环境、流通渠道等信息进行收集整理。在对信息进行了收集处理之后，还需广告的宣传与促销的推广来为经纪人进一步开发市场。在此过程中所涉及的信息来源和获取途径及信息的分析与加工方法等均在第五章中作了详细的介绍。

品牌是对产品质量的保证，更是产品特点的展现和身份的象征，好的品牌能做到深入人心而实现消费者忠诚，并形成良好的口碑，让消费者口口相传，从而大大削减组织的营销费用。因此，建立品牌对于组织的经营而言是重中之重。第六章针对农产品品牌的特性、分类、创建步骤、创建条件、综合利用及注意事项进行了详尽的阐述，并对绿色、有机、无公害农产品进行了解释和区分。

第七章是农村经纪人的其他必备知识，包括供应链管理和质量安全管理的内容。

农村经纪人及组织的知识涉及领域广，综合性强，本书在许多理论和实践的问题上难免有未涵盖之处，敬请各位同行和朋友对本书的不足进行批评指正。写作过程中，得益于众多专家、同行的参与和帮助，在此衷心地感谢。

最后，希望这本书的出版能给各位农民朋友以帮助，以更好地完善农村经纪人的工作。祝各位朋友在学习、研究和从事农村经纪人工作的道路上越走越宽，生活和和美美！

编著者

目录

第一章　农村经纪人概述

一、什么是农村经纪人

(一)农村经纪人的概念

1. 经纪人　经纪是指在市场上为交易双方沟通信息、撮合成交、提供与交易相关服务的行业和活动。经纪人则是为促成他人商品交易,在委托方和合同他方订立合同时充当订约居间人,为委托方提供订立合同的信息、机会、条件,或者在隐名交易中代表委托方与合同方签订合同的经纪行为而获取佣金的依法设立的经纪组织和个人。

经纪人依照《经纪人管理办法》规定,为交易双方沟通信息,撮合交易,提供买卖或交易相关的服务。经纪人不占有商品,也不拥有资金,只是在双方成交后获得一笔固定或与交易额成比例的佣金。

2. 农村经纪人　农村经纪人是活跃在与农业、农村、农民密切相关的经济领域,以农副产品、农村富余劳动力、农业生产资料、农业科技等为经纪对象,通过居间、行纪、代理等不同经纪方式,为促成他人交易提供中介服务,并获取不同形式收益的自然人、法人和其他经济组织。

农产品经纪人则是从事农产品收购、储运、销售以及销售代理、信息传递、服务等中介活动而获取佣金或利润的经纪组织和个人。

农民经纪人则是为农产品买卖、交易双方介绍及促成交易以获取佣金的农民。

大多数情况下，农村经纪人、农产品经纪人、农民经纪人这三个概念没有严格的区分。

（二）农村经纪人的发展历程

我国历史上最早的农村经纪人大约出现在两汉时期，在西汉称之为“驹侩”，之后演变为隋唐的“牙侩”、唐代的“牙人”（或“牙郎”）、宋初的“牙人”、元朝的“舶牙”、明代的“官牙”和“私牙”、清代的“牙行”和“牙人”等。鸦片战争后演变为专门对外贸易的“洋买办”，甚至还发展为买办商。民国时期，随着股票和债券买卖的发展，在我国历史上首次出现了债券经纪人。

解放初，我国政府对经纪人采取限制、取缔政策，规定经纪人在指定的场所进行交易，设立了全民和集体所有制的信托、经纪机构，兼营购销双方的居间业务。1950 年 11 月 14 日，我国贸易部门发布了《关于取缔商业投机的几项指示》，规定取缔了“买空卖空、投机倒把企图暴利者以及一切从事投机活动者”。城乡经纪业陷于停顿或转入“地下”，仅在农村集市贸易中存在少数公民个人为促成农副产品交易而进行居间活动。

党的十一届三中全会后，农村经纪人的发展经历了几个不同的发展阶段。

1. 地下经纪人阶段（1979 年—1987 年）　十一届三中全会后，改革开放政策的实施，推动了商品经济发展，农村经纪活动开始出现，但国家政策上对此还是以打击限制为主。各种经纪活动处于不公开的“地下”状态。国务院在 1981 年 6 月颁布的《关于加强市场管理，打击投机倒把和走私活动的指示》及 1981 年 8 月颁发的《批转关于供应品生产资料市场管理规定的通知》中，都把“黑市经纪”列为非法经营。但中介的“买空卖空”、“倒买倒卖”等活动禁而不止，于是国务院 1985 年颁布《关于坚决制止就地转手倒卖活动的通知》中，明确规定“不准经纪人前线挂钩从中渔利”，1987年颁布了《投机倒把行政处罚暂行条例》，加强对公司的整顿，经纪人被迫转入“地下”。

2. 经纪人的恢复发展阶段(1987年—1992年) 1987年党的十三大进一步提出社会主义有计划的商品经济的体制应是计划与市场内在统一的体制。我国经纪人发展进入了一个新的发展阶段。重庆市工商局批准成立了全国第一家经纪人公开活动场所——重庆市工业品贸易中心。1987年11月武汉市工商局开展了经纪人活动试点，批准成立了正式的经纪人组织，116名经纪人取得了合法资格。此后，深圳市、海口市、广州市、上海市、南京市等地工商局也都在肯定经纪人积极作用的前提下，探索对经纪人的培育和管理。1990年以后，上海、深圳两地证券交易所及我国期货市场开始试点。

3. 经纪人的快速发展规范阶段(1992年以后) 1992年，党的十四大正式确立社会主义市场经济体制，从此我国经纪人进入了快速发展和日益规范发展的阶段。国家对经纪人采取“支持，管理，引导”的方针，使经纪活动逐步走上了正规。各地陆续制定法规、规章，明确经纪人法律地位，保护经纪人合法权益，对经纪人进行监督管理，引导经纪业健康发展。一些省、市相继出现了经纪事务所、经纪公司，并加强了对经纪人的培育和管理。珠海市推出了全国第一个《经纪人管理办法》，河北省大名县成立了第一个经纪人协会。在各地制定的地方法规规章的基础上，国家工商行政管理局于1995年10月26日颁布了我国第一部规范经纪人活动的全国性行政规章——《经纪人管理办法》。

农村经纪人的起步始于20世纪90年代初，之后呈加速发展之势，开始活跃在社会经济生活的许多领域，尤其是农产品和农业生产资料的产供销、农产品期货、农业科技、农业信息、农村劳动力转移、农村资金融通、农村运输、农村产权、农村文化体育、农村旅游等各类市场上，以其熟练的专业知识和社会化服务，在沟通供需、活跃流通、传播信息、引导生产、促进社会资源的合理配置等方面，发挥着日益重要的作用。

在国家政策层面，2004 年中央 1 号文件首次提出了“农民经纪人”一词，文件指出“鼓励发展各类农产品专业合作组织、购销大户和农民经纪人。”2006 年中央 1 号文件提出“培育和发展农村经纪人队伍。”2007 年中央 1 号文件提出“加快培育农村经纪人、农产品运销专业户和农村各类流通中介组织。”2008 年中央 1 号文件提出“组织实施新农村实用人才培训工程，重点培训种养业能手、科技带头人、农村经纪人和专业合作组织领办人等。”2009 年中央 1 号文件提出“发挥农村经纪人的作用。”2010 年中央 1 号文件再次明确提出“大力培育农村经纪人，充分运用地理标志和农产品商标促进特色农业发展。”2012 年中央 1 号文件首次明确提出“大力培育新型职业农民”，“振兴发展农业教育，加快培养农业科技人才，大力培训农村实用人才，特别是要扩大农村人才培训规模，重点培养村干部、农民专业合作社负责人、种养大户、经纪人等农村实用人才”。

（三）农村经纪人在农村经济发展中的地位与作用

农村经纪人给农村注入了新的活力，在农村经济发展中的作用越来越显著，对农村社会产生了深远影响。农村经纪人的经纪活动灵活，解决了农民生产销售中的难题，在一定程度上解决了小农户与大市场的对接问题，使农业生产结构得以调整，促进农民增收，促进农村劳动力就业，同时带动农民树立起强烈的质量意识、诚信意识、合同意识，促使农民不断改变其行为方式、思维方式和生产方式，真正推进农村和市场之间实质性的对接。

1. 降低生产风险，促进农民增收　农民增收是农村发展经济、提高效益的根本目的。以前农民生产并销售农产品，由于缺乏对市场和信息的了解，农产品卖不出去或只得低价售出。有了农村经纪人，农民依靠农村经纪人提供的市场信息生产相应的农产品，产品销售由农村经纪人负责，减少了生产风险，减少农民自身的销售成本，提高销售价格，从而增加收入。农村经纪人正是农业生产和市场需求之间的纽带，他们在引导和调整农民生产的同时，利用自身的市场资源将农产品推销出去，使农民的生产活动能持续有效地转变为不断增长的收入，有效地保证了农民增收。

2. 推进农村产业结构调整，完善农村社会分工体系 农村经纪人一头连着农民生产，一头连着市场需求，如何使两者有机结合起来，农村经纪人发挥着桥梁作用，使农业产业结构顺应市场发展趋势而渐趋合理。同时，农村经纪人长期活跃在市场与生产者之间，见识广，信息灵，熟悉市场变化规律，及时把握市场信息，掌握市场动态，有针对性地向农民提供生产意见和技术咨询，指导农民引进先进技术并按需生产，充分增强农产品的市场竞争力，从而引导了农民调整生产结构。在农村经纪人的连续服务过程中，农业生产结构按市场需求导向不断调整，建立起市场需求导向型产业结构。同时，成熟的农村经纪人从农业生产中独立出来，专门从事农产品市场信息分析和产品销售，充当生产和市场之间的连接纽带，提高了农产品进入市场的速度；农民则把主要精力放到农业生产、提高农产品品质上。社会分工进一步完善，进一步促进农村产业结构的调整，并提高了生产的专业化水平。

3. 促进农户小生产与全国大市场对接，扩大农村产业规模 由于我国农民与市场长期脱节，导致农民不知道应该种什么，更不知道销到哪里去，如何销售，因而农民生产具有较大的盲目性和趋同性，生产过剩而导致大量农产品积压，农民增产不增收，严重影响了农民生产积极性。农村经纪人应运而生，有效地缓解小生产与大市场之间的矛盾，他们能根据地区间农产品差价，及时收购、转运、销售，既获取一定利益，又帮助农民把农产品转为效益，促进了农产品的市场流通。随着农村经纪人业务范围的多样化发展，又把农业生产资料和日用品引入农村市场，促进农村商品市场的流通和农村消费的发展。在其影响下，很容易就形成了一村一品、一乡一业，甚至一县一业的产业格局，从而扩大了农村产业规模化，力求更高的规模经济效益。在市场引导下，通过整合，一些具有竞争优势的产品在生产中做大做强，形成规模产业，并在龙头产业的带动下，进一步发展与其相配套的其他产业。

4. 促进农村劳动力就业，提高农民组织化程度　农村经纪人一般采用“市场＋经纪人＋农户”的模式从事经纪活动。在这种模式下，一个经纪人联系着若干户农民，少的几户，多的上百户、上千户甚至上万户。农村经纪人为众多农户提供生产信息和技术指导，帮助农户销售产品，保障农村劳动力生产活动的连续性，有效地促进农村劳动力就业。部分农村经纪人直接充当劳务中介，指导农村剩余劳动力转移就业，甚至劳务输出，走出国门。

乡镇机构改革以来，部分乡镇干部被分流出来，他们工作能力强、市场信息灵活、熟悉和了解当地农民，成为农村经纪人队伍中的新生力量，解决其就业问题，缓解了乡镇机构改革人员分流的压力。此外，农村经纪人出现后，解决了单个农民在竞争中各自为战、相互压价、相互拆台的问题，依靠集体的力量，提高了市场竞争地位和能力，最终带动农民共同致富。

5. 带动农业科技推广应用，培养农民的竞争意识　市场经济条件下，农民迫切需要善经营、懂技术的农村经纪人，帮助农民引进和推广各种新品种、新技术，指导其生产过程。在经纪活动中，农村经纪人能比较准确地了解市场上农业前沿技术和走俏的农产品品种，为农民带来更多更好的致富信息，带动了科技推广应用。因此，农村经纪人成为了农业高新技术的传播者：基于市场需求，引进新品种、新技术，传授给众多农户，并指导其生产管理。

农村经纪人将更多的外界信息带入本地，悄悄地改变着农民的生产与生活。他们有着较强的市场经济优势和一定的组织能力，在农产品的生产、包装、储运、销售等方面了解到更新的符合时代要求的做法，以其行为和观念作为先导，把新的信息、好的观念带到农村，传给农民，培养和加强农民的市场竞争意识，使农产品更快、更好地走向市场。

6. 推动基层政府职能转变 过去，为了解决农业生产和市场需求相互脱节的问题，基层政府部门往往采取行政指挥手段安排农民生产，导致农产品无法售出，给农民造成经济损失，也影响党群、干群关系。现在，农村经纪人根据市场需求，引导农民生产什么、生产多少，并指导农民生产和市场销售。基层政府部门则腾出了更多时间和精力，履行社会管理和公共服务职能。

【案　例】

农村劳务经纪人助推农民就业与创业

银州区龙山乡农村劳务经纪人成为劳务输出的“领头雁”，带领农民工成功就业、创业。农村劳务输出经纪人利用各种途径收集企业招工信息，把岗位介绍到农户家门口供其选择，将单家独户进城务工变成有规模地外出打工，把农村富余劳动力输出转移和市场用工连接起来，实现了富余劳动力资源与劳动用工市场的有效对接，使农民从中获得更多收益，达到带领乡亲共同致富的目的。其中，柴河东村的农村劳务经纪人，每年就能组织富余劳动力约 700 余人次外出韩国务工，每年“揣回”现金收入合计近百万元。

同时，农村经纪人组织创业成功经验交流会，介绍创业者的感人事迹和成功经验，引导和鼓励返乡农民工创业。其中，小桥子朝鲜族风味餐饮一条街，正是农民工返乡创业并带动近千人成功就业的典范。

（案例来源：吴科彤．银州区培养农村劳务经纪人，助推农民就业创业．www.jyw.gov.cn，2011-01-19）

（四）农村经纪人的发展现状及存在的问题

1. 农村经纪人的发展现状

（1）农村经纪人规模和经营规模不断扩大，类型多样　目前，我国农村经纪人数量迅速扩大，经纪组织形式、经纪业务方式已呈多样化，经纪业务量越来越大，经纪科技含量日益增多，经纪效率明显提高。经纪业务范围的覆盖面很广，涉及了农、林、牧、副、渔等各个行业，包括粮油、蔬菜、水果、畜禽、水产、中药材、苗木等品种的购销、加工、储运等各个环节以及这些产品的技术、管理等各个方面的经纪活动，延伸到农资流通、日用消费品、劳务输出等领域，并开始向花卉、奶业等新兴行业渗透，涌现了一大批的产品营销经纪人、技术服务经纪人、信息服务经纪人、劳务经纪人等，形成了龙头企业带动型（“龙头企业＋经纪人＋农户”）、专业协会带动型（“农村经纪人协会＋农户”）、基地带动型（“基地＋经纪人＋农户”）等各种农村经纪人类型。

据中国农产品流通经纪人协会提供的数据，截至 2009 年，全国已有农村经纪人 600 多万人，加上季节性的从业者则高达 1 000 多万人；各级协会及农村经纪人每年直接收购和帮助农民推销农产品近万亿元；各省、市、县级和乡镇级的农村经纪人协会多达 2 609 家。

（2）成员组成广泛，年龄结构、文化结构日趋合理　目前，在我国广大农村地区，经纪人人员组成日趋广泛，只要具有市场开拓能力，不分男女老少，纷纷加入到农副产品经纪业务中去，包括生猪、牛犊、鸡蛋和果品等经纪业务。以江苏省盐城市 2010 年经纪人构成为例，持有执业证书的农村经纪人中，年龄在 35 岁以下的有 4 478 人，36～55 岁的有 9 227 人，分别占经纪人总数的 29.9％和

61.6%;大专以上文化程度的有417人,中专(含高中)文化程度的有5 860人,分别占农村经纪人总数的27%和39.1%。

(3)农村经纪人组织形式日趋合理,经纪活动灵活多样　随着近几年的发展,农村经纪人从最初的个体经纪人,开始向合伙经纪人、经纪公司及兼营经纪业务的组织形式转化。在全国不少地区,涉及市、县、乡的农村经纪人协会开始出现,使农村经纪人开始摆脱以前杂乱无章的局面,步入正规发展的轨道。

农村经纪人按市场需求选择经营品种,在营销方面灵活多样。他们充分利用报纸、电视、广播、网络等媒体获取商品供求信息,通过走访集贸市场、广交朋友、参加农产品展销会等方式联系客户、寻找商机。部分农村经纪人直接从事农产品购销,提供市场信息,并根据市场情况在本地或外地设立流动或固定的购销点,低买高卖,获取差价,活跃了农产品流通。

农村经纪人的经纪活动随农产品的生产季节而变化,活动的季节性、区域性明显。同时,农村经纪人的活动范围日益扩大,通过网络,使其遍布全国各地,甚至国际市场。

2. 农村经纪人发展中存在的问题　农村经纪人在农村经济建设中发挥了举足轻重的作用,但在实践中面临着许多问题,与农民群众的愿望和市场经济发展的要求存在一定的差距。

(1)缺乏长足发展意识,有待进一步解放思想　多数农村经纪人缺乏闯市场、干事业的热情,存在小富即安心理,求稳怕乱,缺乏长远干事业的打算和做大做强的冲劲,缺乏市场经济风险意识,经纪业务小打小闹或蛮干三分,缺乏准确的市场信息,与市场脱节,面对激烈的市场竞争显得弱不禁风,抗风险能力较弱。

(2)文化程度低,综合素质不高,服务手段滞后　农村经纪人以农民为主,文化程度偏低,对相关政策和法律条文了解不多、理解不透,起草合同用词不当或条款不清,甚至进行原始的口头交易,为争夺市场相互排挤、无序竞争,造成一些不必要的纠纷。少数经纪人无视商业信用和职业道德，经营中不择手段，压级压价、欺行霸市，扰乱市场秩序，影响经纪人行业的整体形象。农村经纪人适应市场经济的意识和能力还不够，懂技术、会管理、市场开拓能力强的复合型人才缺乏，目光短浅，服务意识差，很大程度上制约了它的发展。

(3)信息采集手段落后，信息化程度不高 宏观上难以把握农产品市场供求关系及发展趋势等，还受政策、环境、市场等方面因素制约，整体素质有待提高，产业结构有待进一步优化，市场发育程度不高，发展后劲不足。

(4)市场准入较为混乱，规模小，难监管 按法律要求，从事经纪行为必须到工商部门登记办证，但实际上大多数农村经纪人并没有经纪人资格证书，没有向工商部门申请办理营业执照便直接进入市场无照经营，大多无固定交易场所，经纪行为难以掌握，对经纪人监管较难，执业人员备案更是无从提起。自发形成的个体经营，以季节松散型、家庭单干型为主，组织化程度偏低，其行为多少带有随意性、盲目性，缺乏约束力，抗风险能力弱。合伙型、公司型等经纪人实体较少，且尚处于初始发展阶段。

(5)信誉观念薄弱，品牌意识不强 少数经纪人信誉差，无视商业信用和职业道德，形成价格垄断，坑农、害农、损农；或与农户采取“口头协议”从事收购活动，造成部分协议内容无法履行，不分服务好坏，将就了事，损害农民利益；或利用虚假信息诱使农民签订合同，不择手段地压级压价、欺行霸市、强买强卖、收取高额差价。这些都损害了农村经纪人队伍的信誉和形象，阻碍了农村经纪行业的有序发展。

多数农村经纪人很少注册商标，不重视知识产权保护，缺少必要的营销知识，未意识到品牌能给农产品带来丰厚的附加值，营销组织较散，缺少必要的营销手段。没有充分利用起社会的合作和分工机制，而分散经营使其不能最大限度地发挥作用。销售的农产品基本均属原始初产品，档次不高，加之产品销售多以混装、散装的形式，包装粗糙，导致一些农产品价格不高。

二、农村经纪人的基本知识

（一）农村经纪人的法律特征

1. 农村经纪人是促成供需双方交易的商业服务人员 农村经纪人按委托人的指示，在其委托业务范围内进行经纪活动，其目的是促成委托人建立某一民事法律关系，并不代理委托人具体实施这一民事法律关系。在促成双方交易的过程中，农村经纪人本身不是合同的当事人，也无权为委托人签订合同，因此无需独立的意思表示，这与代理人有着本质上的区别。

2. 农村经纪人的经纪活动是有偿的，但无须承担风险责任 经纪人向委托人提供服务后，委托人需按规定向经纪人支付一定的佣金报酬，以经纪人与委托人之间的合同成立为条件。但是农村经纪人的居间活动只是协助委托人与第三方签订合同，建立民事法律关系，农村经纪人只提供信息，至于合同是否签订、合同的内容具体如何规定等问题，都由委托方与当事人协商。因此，农村经纪人对委托方与第三方所签订的合同，无须承担任何风险责任。

3. 农村经纪活动的隐蔽性和非连续性 在经纪活动过程中，农村经纪人往往不把他的委托人告诉对方，直到签订经纪合同进行交易，并取得交易成功为止。农村经纪人与对方接触时，应声明自己是经纪人，在交易谈成后，再告诉对方委托人是谁。如果签订合同时，尚未告诉对方委托人是谁，那么经纪人应负有履行合同的义务。一些地下经纪活动因没有登记、领取营业执照，属于无照经纪，在我国是不允许的。

（二）农村经纪人的分类

1. 按经营内容的不同分类

（1）农村科技经纪人　这类经纪人组建科技服务站，向农民传授有关种植、养殖和加工等方面的技术，搞科技承包，科技示范指导，提供科技咨询，使科技商品化、技术价值化，既服务了农业生产又增加了个人收入。

（2）农村营销经纪人　农业结构要调整，各种农副产品将大量产出，产品需要一定的市场，急需能开拓市场的经纪人。这类经纪人一般掌握各地市场行情，从事农产品购销活动，把大量的农副产品销售出去并逐步形成品牌效应，避免大量农副产品积压造成“谷贱伤农”现象；同时把农民需要的产品和生产资料购买回来再卖给农民。

（3）农村信息经纪人　这类经纪人组建各类信息服务站，利用自己掌握的市场行情、科技知识、养殖业、种植业、农产品加工及政策等多方面的信息，为农民提供相应的信息服务，并从中收取信息服务费。

（4）农村加工经纪人　既懂企业管理、又精通市场营销的农产品加工经纪人，兴办以农产品为原料的农副产品加工业，使农民既能获取加工、流通环节的利润，又能降低和避免农副产品因仓储、气候等条件影响所造成的损失，从而增加农民收入。

（5）农村劳动力输出经纪人　这类经纪人一般都和某些城市的职业介绍所，以及大、中型企业有着一定的联系，并把农村剩余劳动力介绍到城市中去从事绿化、建筑、卫生、家政服务等工作。

2. 按经纪商品的不同分类　农村经纪人可分为棉花经纪人、蔬菜产品经纪人、特色产品经纪人、粮食经纪人、果品经纪人、水产品经纪人、种植业产品经纪人、中药材经纪人和畜禽产品经纪人等。

3. 按经营主体的不同分类 农村经纪人可以分为农村个体经纪人、农村经纪人组织和农村经纪人协会。

(三)农村经纪人的资格认定

根据《经纪人管理办法》第六条,申请从事经纪活动的人员必须具备以下条件:具有完全民事行为能力;具有从事经纪活动所需要的知识和技能;有固定的住所;掌握国家有关的法律法规和政策;申请经纪资格之前连续 3 年没有犯罪和经济违法行为。具备以上条件的人员经工商行政管理机关考核批准,取得经纪资格证书后,方可申请从事经纪活动。

合格的农村经纪人应具备经纪人资格证书、营业执照、营业场所和一定的资金量等,一般申请农村经纪资格证书的人员应具备如下条件:①具有完全民事行为能力;②具有从事农业经纪活动所需要的知识和技能;③有固定的住所;④掌握国家有关法律法规和政策;⑤申请经纪资格之前连续 3 年以上没有犯罪和经济违法行为。

申请农业经纪资格证书需要以下手续:①证明 1 份,申请经纪资格证书前连续 3 年以上没有犯罪和经济违法行为(由公安机关或村委会、村民小组出具);②居民身份证复印件 2 份;③一寸免冠照片 3 张;④填写登记表 1 式 2 份。

目前我国农村经纪人需持有《经纪资格证书》或《农村经纪人执业资格证书》。前者是经纪从业人员按国家工商总局《经纪人管理办法》的规定办理的经纪资格凭证,受工商行政管理部门的监督管理;后者是按《农村经纪人国家执业标准》的规定,由国家劳动和社会保障部颁发的执业资格证书,其具体培训考核机构是各地职业技能鉴定机构。这两种证书在证明农民经纪人从业资格上是等效的,但《农村经纪人执业资格证书》从专业性角度出发,对农村经纪人的专业技能做出了更高要求。

取得农业经纪资格证书后，还必须依法办理营业执照及有关证照，方才可以独立开展经纪经营活动。

（四）农村经纪人的组织形式

1. 农村个体经纪人 这是一种原始的组织形式，经纪人以个人为单位，独立地从事农村经纪活动，并以个人全部财产承担责任。这种单独经营必然导致社会交易成本过高、抵御风险能力较差，因此效率也特别低。同时，少数农村经纪人依托信息中介服务站或农产品经营部，提供一定的信息和产品，但不负责回收相应产出。

2. 农村合伙经纪人组织 它是从事农村经纪业务的合伙企业，由农村各合伙人订立合伙协议，共同出资、合伙经营、共享收益、共担风险，并对合伙企业债务承担无限连带责任的营利性组织。

3. 农村经纪公司 这是以公司为组织形式、从事农村经纪业务的、负有限责任的农村企业法人：有法人代表，有明确的产权关系，运行效率高，市场开拓和抵御风险能力强，信息资源的综合利用水平较高，是未来农村经纪人发展的必然方向。

目前主要有两种形式：有限责任公司和股份有限公司。

4. 农村经纪人专业协会 一般是从事农村经纪业务的农民、农业法人和其他农业经济组织，为共同维护农村经纪事业而自发组建、自我管理、自我教育和自我服务的社会团体，是经依法登记注册、具有法人资格的非营利性社团组织。这类协会并没有明确的产权关系，民办、民管、民受益，运行效率较高，有利于市场信息流通，因此值得大力发展。

目前，尚无全国性的农村经纪人行业协会，主要有技术服务型和市场开拓型两种农村经纪人专业协会。前者负责新品种引进，实用技术培训，加速农业和农村的高科技步伐，一般不负责产品的销售服务；后者主要向外跑市场签订单，统一引进良种，统一育苗，统一技术要求，统一技术培训，与会员和农户签订合同，由协会统一销售，因此也称为订单农业型，其特点是市场风险小，丰收有保证。

【案　例】

百色农村经纪人队伍"五级网络"服务平台

百色市工商局打造了全面覆盖城乡的农村经纪人队伍"五级网络"服务平台：市、县农副产品经纪人协会、乡镇经纪人分会、村经纪人服务站、屯经纪人服务点和村民小组经纪人中心户，使农村经纪人由个体经销逐步走上联合、合作发展之路。如：凌云县茶业企业在工商部门指导和帮助下，组建了茶叶经纪人协会，聘请技术人员、专家对加入协会的茶农和经营者进行茶叶种植与护理、预防干旱、市场营销等方面知识的培训，提高了茶农和经营者涉茶的基本知识和技能。同时，协会还对茶叶实行统一管理、统一采摘标准、统一收购价格，稳定茶农收入。目前该协会已吸引了 270 多名茶农、茶叶经营者加入，专门从事茶叶采摘、收购、加工和销售活动，在茶农与市场之间架起了一座致富桥梁。

百色市现有农村经纪人 1 万多人，奔走于农民与市场之间，被誉为"游击队"，哪里出现农产品滞销，哪里就有他们的身影，哪里种养遇到难题，哪里就响起他们的脚步声。经过当地工商部门多年培育，已成为当地农村致富奔小康的"领头羊"。2009 年以来，每年通过农村经纪人销售的水果、蔬菜就有 300 多万吨，产品远销全国 300 多个大中小城市及俄罗斯、英国等海外市场，经纪业务量达 30 多亿元。

（案例来源：容成权. 百色农村经纪人成致富领头羊. 中国网，2011-02-16）

(五)农村经纪人的经纪业务

1. 农村经纪人经纪业务活动原则 农村经纪人开展经纪业务,应坚持"守法、真实、互利、发展"的原则。

(1)合法经纪的原则 农村经纪人在经纪业务中,必须恪守各种交易制度、法规,依法中介交易。所谓依法中介交易,一是指交易的品种必须合法,二是指经营手段必须合法。

①交易品种合法 国家为使市场健康发展,各级政府依法对国内市场交易的内容、品种、流通、交易标准和规则等做了明确的规定。对于政府法律法规规定不允许他人经营的商品,农村经纪人一律不能进行贸易中介。

国家专控专卖的商品:国家为了把握经济发展的全局,往往会在某个特定的时期规定一些由国家专控专卖的商品,例如,烟草及其制品、军火、一些稀有金属和贵金属、尖端科学技术等都是专控专卖商品,农村经纪人不能参与这些商品的现货交易中介。

不参与假冒伪劣商品的贸易中介:经营假冒伪劣和有害的商品,是以损害消费者的利益为手段,以非法牟取暴利为目的的违法行为。这类商品的交易,严重破坏了正常的市场秩序,极大地损害了品牌产品的生产经营,坑害了消费者,最终使国家和消费者蒙受重大损失。因此,农村经纪人不仅不参与假冒伪劣和有害的商品交易中介,而且要配合政府有关部门,与假冒伪劣和有害商品的生产者和经营者做坚决斗争。

不参与走私商品的贸易中介:随着我国改革开放的不断深入和经济全球化的加速,国际贸易往来日益频繁,进入国内市场的国外商品会越来越多。一些不法分子采取内外勾结、官商勾结的手段,逃避检查,逃避关税。因此,从价格上,同样的商品,进口低价水货,牟取暴利,冲击国内市场,干扰国内商品生产。为了维护国内市场秩序,维护国家和人民利益,农村经纪人应自觉抵制走私商品的贸易中介。

不参与违禁物品的贸易中介：为了维护国家的尊严，保护人民群众的身心健康，政府规定一些物品不准在国内、国际市场上交易。例如，毒品、国家重点保护的野生动物、重要文物、洋垃圾、国家禁止在动物饲养中添加使用的各种违禁药物等。农村经纪人不要参与这些违禁物品的贸易中介。

②中介手段合法　农村经纪人的中介手段必须合法。所谓中介手段合法，是指农村经纪人在开展经纪业务过程中，经纪人与生产者、经营者之间应该平等地参与竞争。在平等竞争中以优质服务、良好信誉取胜，不能采取“请吃”、“索贿”、“行贿”等非法手段承揽经纪业务；不能勾结、利用黑社会势力夺取经纪业务。对于采取非法手段取胜的现象给予抵制、揭露和斗争。只有这样，农村经纪人才能在经纪市场中逐步树立起良好的形象，才能赢得客户的信赖。

(2)实事求是的原则　由于利益的驱动，商人中存在的见利忘义、坑人蒙人的“奸商”行为，严重干扰市场经济秩序，损害农村经济发展，最终也影响了自身形象，阻碍经纪业的发展。因此，农村经纪人在经纪业务中应坚持实事求是的原则，努力做到说实话、办实事。对买卖双方客户都要做到有一说一，有二说二，特别是在产品的品种、规格、质量、用途、可供数量等关键问题上，更需实事求是，不能云山雾罩地胡吹一气。在双方有成交意向时，农村经纪人应帮助双方互相传递必要的信息，协助解决好认证、换文、制定正式文件等手续问题。如果一方条件有变，农村经纪人有责任立即通知对方，设法妥善处理。农村经纪人不要对双方承诺办不到的事情，对双方承诺的事情，一定要尽力办妥、办好，不要做一锤子买卖。

(3)互利互惠、顾客至上的原则

①互利互惠　互利互惠是农村经纪人开展经纪活动应有的基

本观念。农村经纪人在中介活动中，一方面要帮助商品的供给者即生产方顺利地出售其产品，增加收入，用以扩大再生产，产出更多的产品，满足社会不断增长的需求。另一方面，商品需求者也获得了自己生产经营或生活的条件，扩大生产或满足生活需求。农村经纪人本人也获得应有的收入。所以，农村经纪人的活动对于买卖双方和经纪人来说是互惠互利的。当然，要做到商贸中介成功，需要三个方面的真诚合作。鉴于农村经纪人在这三个方面中的重要地位，农村经纪人的责任更重要。

②顾客至上　农村经纪人主要是通过自己的经纪服务，促使交易双方顺利成交。因此，顾客至上是农村经纪人的基本宗旨，切实做到把顾客的困难当做自己的困难；把顾客的需要当做是自己的需要。在具体经纪过程中，应利用各种渠道，尽量多地向顾客传递一些顾客关心的信息和服务，用主动、热情、耐心周到的服务赢得顾客，与顾客结成稳定的合作伙伴关系。如遇到顾客不正确的批评、指责，农村经纪人应尽量不要和顾客辩论、争吵，否则最终可能失去顾客，导致商贸中介失败。相反，在顾客批评、指责时，尽量岔开话题，再慢慢解释，则可能最终赢得顾客。

(4)促进增产增收、发展经济的原则

①引领农民进入大市场　农村经纪人应充分发挥自己市场信息流通渠道广的优势，千方百计地为农民及时提供可靠的市场信息，帮助农民分析市场走势，积极为农民生产的商品牵线搭桥，以市场为导向组织农民生产，把农民生产的零星商品集中起来，推向大市场。

②推进农村经济结构合理调整　农村经济结构调整需要随市场经济的发展不断升级。因此，农村经纪人要从合理调整农村经济结构出发，结合自己的经纪活动，引导、帮助农民以市场需要为导向，以提高整体生产效益、增加农民收入为主要目的，合理配置资源，充分发挥资源优势，合理调整经济结构，促进农村经济持续

稳定发展。

③加速农产品和生产资料的流通　由于生产资料的生产、流通、存储及使用等比较复杂，一家一户无论是在选购上还是在使用上都要耗费很大的精力，还难以及时满足生产的需要。而农村经纪人拥有灵通的信息和一定的专业知识，他们可以根据生产需要，及时组织生产资料货源，充当供求之间的中介，及时、足量地满足农业生产的各种需要，促进农业生产的稳定发展。

④降低成本增加效益，提高农民收入　农民由于精力、财力和个人能力以及生产规模所限，面对千变万化的市场和激烈的竞争，很难把握市场走势、捕捉有利的行情，经常遭遇卖难买难、高进低出的困境。农村经纪人要正确地判断市场走势，帮助农民生产适销对路的产品，规避市场风险，保证农民生产的产品销售有较好价格，农业生产能得到较低价格的生产资料产品，以实现降低成本、增加效益、提高农民收入的目的。

⑤合理配制资源　农村经纪人要以市场需求为导向，广泛开展经纪活动，打破地区封锁、行业分割的局面，促进地域分工和协作，加速人才、技术的交流和传播，使区域内外的自然资源和社会经济条件得到充分的开发利用，人、财、物、技、信五大生产要素得到合理的配置，从而促进区域经济的协调发展。

【案　例】

农村经纪人要创诚信品牌

经纪人的诚信经营和专业能力是经纪人经营中的重点和瓶颈。少数经纪人诚信意识薄弱，眼里只有钱，置职业道德和诚信经营于不顾，不规范操作，极大地影响农村经纪人行业发展。在某乡镇，一外地客商来当地收购苹果，找当地一经纪人帮忙，这位经纪人广播通知，特级苹果每公斤 1 元，可等果农将苹果运来时，他却变了卦，最好的苹果每公斤才0.8元，还在磅秤上做手脚。待苹果装车待发时，他又向客商索要额外费用，否则不予放行。结果，这样的农村经纪人，农民不信任，市场不接纳，来该乡镇收购农产品的客商也越来越少。

相反，某镇王洪涛凭着自己的诚实守信和聪明智慧，为当地劳动力找活儿干，成为劳务经纪人中的佼佼者。他原来在青岛打工的时候收集有关劳务信息，通过电话告诉家里的父亲王万强招工人数和基本条件，王万强骑车走遍十里八村及周边乡镇、邻县，建立一个"人才档案"，内容包括：姓名、年龄、文化程度、准备何时外出打工、打工有关证件筹办如何等。由于他们父子有十多年的招工经验，经他们介绍的务工人员总能找到合适的厂家，并把大把钞票寄回，王洪涛、王万强也就成为青岛及当地的品牌劳务经纪人。

（资料来源：宋宜存．农村经纪人要创诚信品牌．http://hi.baidu.com/syc0303/item/61f4857812b54b3f71442340，2007-03-11）

2. 农村经纪人的主要业务活动方式　国家工商总局在《经纪人管理办法》中将农村经纪人界定为："在农业经济活动中，为促成农业生产资料及农产品交易而从事居间、行纪或者代理等经纪业务，以收取佣金或手续费为目的的自然人、法人和其他经济组织。"从不同的角度，可以将农村经纪人划分出不同的类别：一是按经纪标的可分为购销代理、劳务中介服务、技术居间或行纪；二是从主体类型（组成形式）可分为公司、合伙企业或独资企业、个体工商户；三是从经营方式可分为居间、代理、行纪。

从以上定义可看出，经纪活动都是与市场经济运行相伴而生的。进入市场的不仅有商品，还有各种服务，市场上有多少种商品交易和服务，就可能有多少种经纪业务。

当前农村已出现的经纪业务主要有：

（1）农村现货商品经纪业务　农村现货商品经纪人的经纪业

务主要是为了商品卖方寻求买方、为买方寻求卖方，即通过经纪人的牵线搭桥，促进商品供求双方买卖成交，也就是帮助商品生产者实现使用价值转化为价值，这是现代农村最基本、最大量的经纪活动。

【案　例】

农村经纪人活跃在“田头市场”

将收购车开进田间地头，成熟的蔬菜现收现卖，农户们不愁销路，采购商也省却了中间环节。在刘北村菜地旁，一辆辆收购车停在路边，向菜农们收购花菜。得知今天收购价格不错，菜农们立马下地收割花菜，转手卖给收购商。田头经纪人陈卫星是白沙当地人，自己零星种一些花菜，每年蔬菜成熟时，他就以农村经纪人的身份活跃在“田头市场”，将收购车开进田间地头，向本村和邻村的菜农收购蔬菜，再发往杭州等消费地。从农民向田头经纪人的转型，他尝到了致富的甜头。在刘北村，“田头”经纪人已有十几人，脑筋活络、商品意识强，种菜的同时也从事农产品中介经营，形成了“田头市场”，既解决了农产品销售的卖难问题，又减少了农产品流通中的中间环节和途中损耗，使农户和销售商的成本大大降低，也使农户多了一条致富之路。

（案例来源：方崇杰等．将收购车开进田间地头 农村经纪人活跃田头，2012-02-29）

(2)技术经纪业务　我国农业科研成果转化率低，许多农民为找不到适合自己的技术成果而困扰，而相当一些科研单位又为开发出的技术成果找不到买方而苦恼。解决这种科研与农村生产脱节的问题，需要技术经纪人为双方牵线搭桥，促使科技成果转化为生产力。技术经纪业务是指在技术市场中，以促进成果转化为目的，为促进他人技术交易，而从中进行中介居间、行纪或代理活动，并取得合理佣金的经纪活动。

(3)劳动转移经纪业务　随着我国农村经济结构调整的深入，农村富余劳动力越来越多地转向非农产业，但农村劳动力要到非农产业就业，特别是到大中城市就业，会遇到很多困难，十分需要有人帮助和引导。劳动转移经纪业务就是为农村劳动力转移提供中介服务，并收取合理佣金或服务费的经纪活动。

(4)信息经纪业务　广大农民渴求信息，但受经济技术的限制，不能及时得到适用的信息。农村信息经纪人可以利用自己的优势，开展信息经纪活动，为农民提供信息服务。信息经纪人可根据实际需要和可能，开展接收、整合、传播、交流各种信息，为信息接受人提供服务，收取信息服务费的经纪活动。

(5)保险经纪业务　农业生产和农民收入始终面临自然风险和社会风险的困扰。保险作为经济保险制度，在农村有着巨大的市场。保险业务的拓展，承保技术的复杂，如果没有保险中介人发挥代理作用，保险是难以完成的。保险经纪业务是保险经纪人代表投保人选择保险公司，洽谈保险合同条款，代办保险手续的经纪活动。由于保险经纪人实际上是为保险公司招揽生意，因此保险经纪人的报酬由保险公司支付。

(6)其他经纪业务　随着农村市场经济的发展和城乡经纪业的拓展，农村还将不断出现期货经纪业务、文化经纪业务和法律经纪业务等。

3. 农村经纪人的经纪活动内容

(1)信息传递　经纪人接受买方或卖方的委托，带着供给或需求一方的信息去寻找相应的交易对手，促成交易，从而收取相应佣金。在买卖双方之间进行信息传递，是农村经纪人的主要经纪业务活动。

(2)代表买方或卖方进行谈判　农村经纪人把买卖双方信息

联系起来，在交易条件上双方存在较大分歧的情况下，经纪人要在委托人授权范围内与对方进行谈判。

(3)交易咨询，办理相关交易手续　委托人不太了解法律等相关事宜时，农村经纪人要为委托人进行咨询，并协助办理有关交易手续。

(4)起草交易活动所需的文件　农村经纪人根据委托方的意思，草拟经纪活动的相关文件。由于交易文件具有法律效力，涉及双方当事人的经济利益，经纪人必须在双方协商同意的基础上，由当事人签名盖章。

(5)为交易提供相关保证　农村经纪人是买卖双方的中介，通过其信誉使买卖双方能顺利完成契约。

4. 农村经纪人的经纪业务流程　一般经纪业务的运作程序是：

接受委托→签订经纪合同→寻找合作伙伴→业务洽谈→促成交易成交→达成交易，获取佣金

第一步：接受委托，对委托方的业务进行有效评估，分清彼此的义务。当事人是委托人，经纪人是受托人，双方达成约定，明确各自的义务。

农村经纪人需要承担的义务主要是：按委托人的要求处理委托事项，不要违背委托人的指令；未经委托人同意，不能随意把接受委托的事务转给他人；及时向委托人汇报联系合作伙伴等事情的进展，促成交易；妥善保管样品、预付款、保证金等，活动结束时及时返还；由于经纪人自身过错，造成委托人损失的，要按合同或法律规定，承担赔偿责任。

委托人在委托经纪人后应承担的义务有：支付费用；清偿经纪人在授权范围内处理事务所产生的债务；按时向农村经纪人支付佣金；对于委托人的指令造成的损失负有赔偿责任。

第二步：与委托方签订经纪人合同，确立双方的权利和义务。

第三步：根据委托方的具体要求，以及合同规定，为委托方寻找合作伙伴。寻找合作伙伴的过程中，需考察合作对方的资质、信誉，避免造成各种纠纷。

第四步：促成双方交易。农村经纪人在讨价还价的基础上，经双方协商一致，达成交易意向，并按法定程序，督促买卖双方签订正式合同，促成交易成功。尽可能确保卖家的货能及时、按要求发放到指定的买家场所，同时保证买方能按规定的时间及时付款，保证交易双方的权益。

第五步：获取佣金。交易顺利完成后，农村经纪人按经纪合同规定，获得合理的佣金收入。

【案　例】

吴江农村经纪人成致富带头人

发展农村经纪人队伍，有效整合农村劳动力资源，解决农村剩余劳动力就业，促进农民加强与信息、科技、市场间的联系，完善农业产业化体系，带动自身和周边农民共同致富。在吴江市，农村经纪人已超过5 000人，成为了带动一方农民致富的生力军。他们大多依托专业市场和农副产品基地，开展经纪业务。部分经纪人致富后还办起了专业市场、成立了合作化组织，这些市场和合作化组织又成为培养经纪人和致富农民的新平台。目前各个特色农产品领域都有一支训练有素的经纪人队伍，如水产、畜禽、苗木、蔬菜等市场，将本市农副特产销往全国各地，甚至国外。同时，经纪人也从外地市场带回了丰富的信息，引导、促进本地农户种养结构调整。如苗木经纪人广泛收集市场行情，把苗木销往省内外大市场，并以经纪人成立的绿化公司为龙头，带领农民闯市场、引导农民种植花卉苗木；水产经纪人通过成立龙头企业，带动养殖户进入产业化经营体系，提高养殖水平，推广新技术，成功实现了增收增效。

（案例来源：章政瑛．我市5 000农村经纪人成致富带头人．吴江日报，2006-02-10）

（六）农村经纪人的权利和义务

1. 农村经纪人有哪些权利 这是法律赋予农村经纪人能做出或不能做出一定行为，以及要求他人相应做出或不能做出一定行为的责任。

（1）有权在法律法规允许的范围内开展经纪活动。

（2）有权要求委托方提供合同、资金状况、履行能力、商品质量等真实可靠的资料。

（3）有权通过合法途径了解委托方提供的资金、资料。

（4）有权依照法律法规按合同约定获得佣金。

（5）有签订经纪合同的权利和依法享有合同中双方约定的其他一些权利。

（6）在经纪活动中发生争议，有申请仲裁的权利和诉讼权。

（7）有依照约定取得佣金的权利。

2. 农村经纪人有哪些义务 经纪人的合法权利受法律保护，任何单位和个人不得侵犯。

（1）遵守社会公德，在法律规定范围内从事经纪活动。

（2）提供真实信息，公平对待交易双方，不得损害他人合法权益。

（3）公平中介，公正经纪，为交易双方保守商业秘密。

（4）妥善保管样品至交易终了，不得丢失、损坏或调换。

（5）制作文书，记载交易双方姓名、内容、日期及其他有关事项，并签名后交付当事人各方保存。

（6）依法缴税费，并接受行政监督，不得向供需方索取中介服务费之外的酬劳。

(7)法律法规赋予的其他义务。

【案 例】

提高农村经纪人的法律意识，沟通市场，促进农民增收

大洼县荣兴镇一直把加快农村经纪人队伍建设作为提高农业生产与市场衔接，增加农民收入、推进社会主义新农村建设的重要途径。为把农村经纪人培养成有开拓市场能力、有信誉、有影响、能带动农民致富的“先锋者”，大洼县荣兴镇由政府牵头，相关部门联动，定期组织农村经纪人开展经纪人业务培训，明确农村经纪人的意义、法律地位、权利与义务以及订单农业合同签订的注意事项等，提高农村经纪人的业务素质。结合农村经纪人的经营特点，宣讲《合同法》等相关法律，讲解相关知识，结合实例，深入浅出，提高经纪人的法律意识。着重对每个农村经纪人进行登记备案，为其建立信用档案，强化农村经纪市场监管的执法力度，支持农村经纪人建立行业自律机制等，规范农村经纪行为，提高农村经纪人的诚信度，促进农村经纪人健康、规范发展。该镇现有农村经纪人近200人，年创收10万余元，不仅实现了自身致富奔小康，也为身边群众带来了效益。其中，小庄子村现有农村经纪人15人，长期从事河蟹、泥鳅、水稻、豆子、饲料等产品经纪活动。村民刘长海常年以收售河蟹为主，年纯收入6万余元；村民董大波常年销售鸡饲料，年纯收入15万余元；村民刘忠飞、刘玉茹、姜有军常年收售稻谷，年收入5万余元。

(案例来源：陈军华．大洼县荣兴镇农村经纪人沟通市场促增收，2009-10-27)

(七)农村经纪人怎样维护自身的合法权益

第一，积极参加培训学习，掌握《民法通则》、《合同法》、《经纪

人管理办法》、《广告法》、《商标法》、《保险法》等法律法规及有关政策规定，自身做到合法经营。

第二，订立一个明确完善的经纪合同，在合同中对双方的权利与义务等有关事项做出明确详细规定。

第三，严格按照合同规定执行。

第四，出现委托人违约或不依合同支付佣金，应及时寻求经纪人自律组织协调保护或通过向法院起诉来维护自己的合法权益。

第二章 农村经纪人职业资格管理与职业道德规范

一、农村经纪人的管理内容及形式

在我国,农村经纪人作为一个新兴的经纪人行业,尚处于初级阶段,对农村经纪人的管理还不成熟。作为经纪人中的一类,我国政府对经纪人的管理制度同样适用于农村经纪人,主要包括:农村经纪人从业资格管理、经纪人注册登记管理、经纪人行政管理等。

(一)农村经纪人从业资格管理

经纪人是依靠经纪人员的自身专业知识、掌握的信息及社会信誉度作为资本开展经纪活动的,经纪人的素质是经纪人的无形资产,经纪人的健康发展依赖于经纪人的素质提高。农村经纪业发展的关键取决于从业人员的素质,农村经纪业的规范也主要取决于对从业人员素质的管理。因此,对农村经纪人的管理,最重要的就是加强对农村经纪从业人员的资格管理。国家工商行政管理局在颁布的《经纪人管理办法》第六条对申请经纪资格人员的条件做了明确规定,具备下列条件人员,经工商行政管理机关考核批准,取得经纪资格证书后,方可申请从事经纪活动:①具有完全民事行为能力;②具有从事经纪活动所需要的知识和技能;③具有固定的住所;④掌握有关的法律法规和政策;⑤申请经纪资格之前连续 3 年以上没有犯罪和经济违法行为。

《经纪人管理办法》第七条还规定:从事国家有专项规定的其他特殊行业经纪业务的,还应当具有相应的专业经纪资格证书。

符合《经纪人管理办法》第六条规定的条件、已取得经纪资格证书的人员，经专门考核合格，取得专业经纪资格，由工商行政管理机关会同有关部门发给专业经纪资格证书。

目前，我国只有少数省、市对农村经纪人实行了职业资格考试认证，主要是因为我国农村经纪人还处于起步阶段，政府相关部门对农村经纪人降低了准入门槛。随着我国农村经济不断发展，市场化程度进一步提高，越来越多的农村经纪人不断涌现，农村经纪人也必须在取得资格后方能申请农村经纪人从业资格，这也是我国农村市场发展的需要。

（二）农村经纪人注册登记管理

对从事工商业经营活动的经营主体进行注册登记管理，是国内外通行的做法，登记管理是登记主管机关依法确认市场经营主体资格和法律地位的法定程序。目前，我国的登记管理机关是各级工商行政管理机关，开展工商业经营活动的主体必须经工商行政管理机关登记注册，在领取工商行政管理机关颁发的营业执照后方可开展经营活动。

农村经纪人活动是以赚取佣金为目的的经营活动，独立从事经纪活动的个人或组织必须经工商行政管理机关登记注册后方能成为合法的市场经营主体，我国工商注册登记管理制度的内容完全适用于农村经纪人的注册登记管理，可以注册登记为个体经纪人、合伙经纪企业或公司。凡是符合个体经纪人、合伙经纪企业或经纪公司的设立条件，可向当地工商行政管理机关申请注册为个体经纪人、合伙经纪企业或经纪公司，工商行政管理机关在受理登记注册之日起 30 日内，做出准予登记注册或不予登记注册的决定。

（三）农村经纪人行政管理

行政管理是以国家法律、法规为依据，从事具有法律效力的管理行为。通过对农村经纪人的依法行政，可以贯彻国家的有关方针、政策、法律、法规，促进社会主义市场经济的健康发展；可以规范农村市场交易，建立和维护良好的市场秩序；可以促进农村市场体系的培育和完善；可以切实保护农民、需求方的合法权益；有利于我国农村市场的繁荣。目前，我国农村经纪人管理还不完善，没有专门的农村经纪人管理条例。与农村经纪人有关的法律法规有《民法》中的某些条款、《合同法》、《经纪人管理办法》等。

由于当前我国农村经纪人发展很不规范，亟须加强对农村经纪人的行政管理。

1. 尽快完善经纪人资格管理　一方面，加强对农村经纪人资格认证管理，对经纪人及其组织形式，都要进行资格考试和登记，使农村经纪人获得公开的身份；农村经纪人的权利和义务要确定，委托人和被委托人各自的权力、义务、责任要体现出来，使他们在享受经济权益的同时、承担相应的义务。另一方面，加强管理和监督，将其纳入法制轨道，坚决取缔黑市经纪。

2. 规范农村经纪活动　一是对农村经纪人的经营对象的规范。要明确划分农村经纪人的经纪范围，哪些范围经纪人可以经营，哪些范围不能经营，都要有明确的规定。二是对农村经纪人行为的规范。农村经纪人在经纪活动中，应当遵循以下原则：提供客观、公正、准确、高效的服务，将交易情况如实、及时报告给当事人各方；妥善保管当事人交付的样品、预付款，并能保守当事人的商业机密；当事人的佣金要开具发票，并依法纳税；不从事违禁项目的经纪活动；不得签订虚假合同及利用胁迫、欺诈和恶意串通等手段促成交易；不得向当事人索要佣金以外的报酬。

3. 加强对农村经纪人的税收管理　由于农村经纪活动的隐蔽性和不规范，针对农村经纪人在从事经纪活动时很少开具税务发票而逃税的现象，税收征管部门应与工商行政管理部门密切配合，加强对农村经纪人的管理，并加大税收方面的宣传力度，增强经纪人纳税意识。

二、农村经纪人的登记注册及监督管理

农村经济体制改革以来，农村经纪人队伍日益壮大，作用不断增强，促进了农业发展，繁荣了农村经济。然而，目前农村经纪人队伍存在着规模小、组织松散、管理不够规范等问题。为了使农村经纪人健康有序地发展，必须进一步做好农村经纪人的监督管理工作。

（一）严格农村经纪人登记注册制度

根据我国现行法律法规规定，农村经纪人只有依法登记，才能取得合法的经济地位，成为独立的享有民事权利、承担民事义务的法律主体，受法律法规的保护和制约。国家和各地工商行政管理部门颁布的关于经纪人管理的法规明确规定，经纪人要进行注册登记管理。农村经纪人只有注册登记管理，才能实现对农村经纪人的有序管理，保障农村经纪人的合法权益，有效避免经纪活动中各种不必要的经济纠纷和欺诈现象。另一方面，有关部门要加大对农村经纪人队伍的培育和服务，建议开办农村经纪人培训班，让一些头脑灵活、有一定的市场意识和文化的农民经纪人得到培训和提高，并向农村经纪人提供经济信息、市场快讯，开展政策咨询，通过扶强培优，引导其逐步向大规模、高层次、跨区域、联合经营的方向发展，使农村经纪人真正成为农民走向市场的引路人。

（二）农村经纪行业监管的主要内容

在经纪活动中，有的农村经纪人只片面追求经济利益，为促成生意，不惜欺瞒，侵犯他人利益；有的经纪人缺乏信用观念，货款到手后，不及时交给卖方，拖欠要赖，引发纠纷造成矛盾，影响农村稳

定；还有的经纪人欺行霸市，专欺“外地客”，影响极坏；有的经纪人经营畜禽产品，缺乏法制观念，将病死畜禽偷运到外地销售，给消费者的健康造成了极大危害，更有甚者，将一些违法添加物，如瘦肉精，交给养殖户添加使用。这些做法，既违反了职业道德和法律法规，又扰乱了经济秩序，也损害了经纪人本身的形象。同时，目前对经纪人的管理方面，也存在一些问题，比如工商、税务等职能部门对部分经纪人的经营收费没有按照国家制定的标准执行，存在收费标准超标的现象，存在对外销农产品设置人为障碍的现象，不按规定扣押经纪人的产品、扣押相关证照和乱罚款等。因此，有关部门应加强农村经纪人队伍的规范化管理，加强市场经济知识、市场营销知识、职业道德及工商法规等方面的培育，引导他们遵纪守法、文明办事，树立新时期经纪人的良好形象，为进一步搞好市场流通做出贡献。同时，相关职能部门除了要进一步规范自身的行为外，还要鼓励和支持农村经纪人自律组织的建立和发展，切实做好以下 7 个方面的工作，为农村经纪人经营活动创造一个良好的环境，建设一支熟悉农产品流通政策、经营管理素质较高、经纪行为规范的农村经纪人队伍。

1. 加强组织协调　在新时期，各地的相关政府部门要高度重视，积极推动，形成支持农村经纪人发展的格局：一是做好组织协调工作，高度重视和支持农村经纪人的培育发展，由政府统一领导，协调有关部门，制定培育和扶持农村经纪人发展的综合配套政策与措施，切实解决阻碍农村经纪人发展的实际问题。务必形成政府主导、部门扶持、社会参与的工作格局和良好氛围。二是要加强与农村经纪人与其他经纪人之间的联系、协作，引导他们组建联合体或协会，帮助建立健全规章制度，向组织化、规模化和自律化的方向发展。三是要指导农村经纪人组织独立自主地开展工作，不搞包办代替，也不干预正常工作。四是要支持他们与农产品行业协会、农业协会交流与合作，并提供市场信息和政策咨询等服务，促进农村经纪人队伍的健康发展。

2. 进一步完善行业规范 国家工商行政管理部门和相关单位，要制定符合经纪行业特点的执业标准，建立农村经纪人执业人员的准入、退出及资格审验制度；引导农村经纪人树立诚实守信、合法经营观念，鼓励公平竞争；取缔和打击无证照经营等非法经纪行为，维护经纪市场秩序，保护经纪当事人的合法权益。

3. 提高经纪从业人员素质 农村经纪人的素质与经纪业务规模、经纪效益、经纪发展前景息息相关。各级政府相关部门要会同工商等部门，对农村经纪人进行农业法律法规、市场经济、经营管理、市场营销、礼仪道德等方面知识的系统培训，提高农村经纪人队伍的法律意识、业务素质、服务技能和整体水平。加强培训，以培训促发展，提升农村经纪人的综合素质。采取国家鼓励、政策优惠、资金支持等措施，利用各种形式和途径培养一批农村经纪人。

有关部门要认真组织编写培训教材，建立培训基地，积极开展农村经纪人培训工作，帮助他们提升综合素质。做到培训教育、规范管理与组织发展同步。特别是要教育经纪人增强诚信意识，以诚信求生存，以诚信求发展。

4. 转变角色，加强服务 各级政府部门要认真研究和制定农村经纪人发展的政策措施，特别是涉农各部门要加强配合，从资金、政策、信息等方面加大扶持力度，为农村经纪人的发展创造更加宽松的环境。银行要加大对农村经纪人的信贷支持力度，加强专项资金发放的针对性，对那些经营大户要予以适当倾斜。税务部门要采取一定的优惠措施，对农村经纪人给予实际有效的支持。各级工商行政管理部门要积极引导，放宽市场准入条件，促进农村经纪人队伍的发展；要加强对市场的调控，强化对农村经纪人的协调管理和行业内部管理，防止和杜绝恶意竞争；要强化服务，加强引导，加大政策扶持力度，建设全国经纪人信息平台，营造公平竞争的市场环境，促进农村经纪人发展上规模、上档次。要围绕促进经纪人队伍建设，制定优惠政策，如运输的车辆要适时开通“绿色通道”，商业银行有必要设立专项的信用贷款进行重点扶持等，促进经纪人队伍不断发展壮大。

5. 鼓励有序竞争　按照“自愿、互助、合作”的原则，把经纪人组织起来，逐步走上自我管理、自我服务、自我发展的轨道。要加强监管，规范经纪行为。积极引导农村经纪人注册登记，对从业人员发证办照，持证上岗，取得合法的市场主体资格，规范农村经纪人的发展；建立农村经纪人管理档案，实行信用管理。适时开展诫勉警示，约束和规范经纪行为，规范管理，为合法经纪活动创造良好的经纪环境。要加强日常监督，充分发挥工商、行业主管部门和群众的监督作用，对欺诈行为予以打击、曝光，严重的予以吊销营业执照，违法乱纪的要依法严惩。要引导农村经纪人向规模化、组织化、规范化经营。建立政府与经纪人之间、经纪人与经纪人之间相互沟通的渠道，各相关部门要认真开展法律法规及政策咨询，主动传递市场信息，鼓励农村经纪人采取合作、合伙或公司模式来扩大规模，节约经纪成本。

6. 成立农村经纪业自律组织　农村经纪人经纪活动分散，经营规模小，信息闭塞，需要建立相互了解和沟通的平台。各地工商行政管理部门要有效地组织农村经纪人建立自律组织、自律性行业协会，构筑农村经纪人行业自律组织网络。积极帮助各类农村经纪人协会建立工作制度，健全自律管理规则，实现自我服务、自我约束、自我发展。帮助农村经纪人自律组织建立起政府与经纪人之间、经纪人与经纪人之间相互沟通的渠道，通过自律组织开展法律法规及政策的咨询，传递市场信息，开展经纪活动，维护农村经纪人的合法权益，发挥行业协会自律作用。要加快政府职能转变，将农村经纪人的培训、管理、规范等职能逐步交给经纪人协会等中介组织来承担，充分发挥其组织、引导和服务作用，为农村经纪人提供信息、技术、政策和法律咨询服务,使经纪人向组织化、规模化方向发展。要进一步加大对农村经纪人违法违章经营行为的查处力度,严厉查处欺诈客户、违法经营等扰乱市场秩序的行为,重点打击无照经营、合同欺诈、坑农害农的行为。同时,探索建立农村经纪人激励机制,对遵纪守法、诚实守信、表现突出、贡献较大的农村经纪人予以表彰和奖励。

7. 加大宣传力度 切实抓好《经纪人管理办法》等法规、政策的贯彻落实,把农村经纪人发展、经纪活动和经纪人管理纳入经纪人法规的框架中,做到规范发展和管理。要加大经纪人法规的宣传力度,宣传其权利和义务,增强农村经纪人的法制观念,引导农村经纪人通过正当经纪活动获取合法收益,做到诚信经纪、恪守信誉。要加大宣传力度,抓好典型示范。各级政府和有关部门要通过各种媒体和多种形式,大力宣传农村经纪人的地位和作用,消除人们对农村经纪人的偏见。要树立守法、守信的农村经纪人典型,通过现场会等形式进行示范,扩大农村经纪人的社会影响,树立“经纪有为、经纪光荣、经纪致富”的意识观念。要加强对农村经纪人作用的宣传,提高他们的社会地位。同时,要加强联系、指导和服务,帮助他们解决实际问题,为农村经纪人队伍创造良好的发展环境。

【案　例】

滕州市工商局“四个加强”促进农村经纪人发展

近年来,山东省滕州市坚持把培育发展农村经纪人作为搞活农村市场流通、拉动区域经济持续快速增长的一大突破口,通过“四个加强”,促进农村经纪人快速健康发展。

一是加强宣传。利用电视、会议、张贴通告、发放宣传单、设立宣传栏等形式广泛深入宣传农村经纪人在搞活流通、促进“三农”

发展中的重要作用，消除部分群众对农村经纪人的偏见，形成“经纪有为、经纪光荣、经纪致富”的意识，努力提高农村经纪人的地位，形成社会各界关心、支持农村经纪人发展的良好氛围，引导农民积极投身于农村经纪人行业。

二是加强服务。对农村经纪人，在注册登记、合同签订、商标注册、法规咨询等提供一条龙服务。放宽登记注册条件，降低准入门槛，开设绿色通道，注册登记特事特办。对边远乡村农民从事经纪活动的实行上门办照。指导农村经纪人利用商标、广告、合同等手段，打开农产品销路，打造特色农产品品牌，扶持发展经纪人大户，帮助其做大做强。

三是加强培训。针对农村经纪人队伍规模小、执业人员素质偏低、法律意识不强、合同意识及合同能力弱等问题，开展以经纪人基本理论、合同法律、市场营销、职业道德等内容为主的系列培训，用全新经营理念武装农村经纪人头脑，增强应对市场竞争的能力。

四是加强监管。建立健全农村经纪执业人员监管档案及基本情况明示制度，加强经纪执业人员信用分类监管，规范经纪行为。依法查处无照经营的“地下”农村经纪活动，对农村经纪人利用虚假信息，诱导农民签订合同，坑害农民利益的违法违规行为，加大查处力度。鼓励农村经纪人建立地方性、专业性的经纪人协会和发展农民合作社，引导广大农村经纪人自觉遵守职业道德，促进行业自律。

（案例来源：张崇明．滕州市工商局“四个加强”力促农村经纪人发展．中国山东网，2012-06-07）

三、经纪人的经营收入与职业道德规范

（一）农村经纪人的经营收入

1. 佣金 佣金是农村经纪人收入的唯一来源，其性质是劳动收入、经营收入和风险收入的综合体。它是对经纪人开展经纪活动所付出的劳动、花费的资金和承担的风险的总回报。国家保护经纪人从事合法经纪活动并取得佣金的权利。

2. 佣金的取得 农村经纪人从事经纪活动后获得的劳动报酬称为佣金。佣金由成本和利润两个部分构成，经纪人从事经纪活动所得佣金是合法收入。经纪人在按约定完成经纪活动后，有权按照合同约定收取佣金。收取佣金原则上以合同约定为主，国家另有规定的除外，收取佣金后应依法缴纳税费（根据交易额）。为了合法按时取得佣金，农村经纪人应该做到：

第一，订立“定金”条款，明确规定委托方应向经纪人在合同履行前先支付一部分定金作为费用。

第二，签订独家经纪合同，明确规定经纪人享有该项经纪业务的独家经纪权。

第三，预收佣金，经纪合同中明确分段支付佣金。

第四，签订了经纪合同后，由委托方将约定佣金交公证处保管，待经纪合同履行后，由公证处将佣金及利息一并转交给经纪人。

3. 佣金的分类 佣金可分为法定佣金和自由佣金。法定佣金是指经纪人从事特定经纪业务时按照国家对特定经纪业务规定的佣金标准获得的佣金。法定佣金具有强制效力，当事人各方都必须接受，不得高于或低于法定佣金。自由佣金是指经纪人与委托人协商确定的佣金，自由佣金一经确定，就应当写入合同，写入合同的自由佣金具有同样的法律效力，违约者必须承担违约责任。

4. 佣金的支付　除法律法规另有规定外，佣金的支付时间由经纪人与委托人自行约定，可以经纪成功后支付，也可提前支付。经纪人在签订经纪合同的同时，应将佣金的数量、支付方式、支付期限及中介不成功时的中介费用的负担等明确写入合同。经纪人收取佣金时应当开具发票，并依法缴纳税收和行政管理费。经纪人可以在签订合同时预收部分佣金或费用，也可与委托人签订"专有经纪合同"。

（二）农村经纪人职业道德规范

职业道德，就是从事一定职业的人们在职业生活中所应遵循的道德规范以及与之相适应的道德观念、情操和品质。农村经纪人必须具备高尚的职业道德。我国的农村经纪人刚刚走上市场经济的大舞台，人员结构和思想素质参差不齐，对此，增强农村经纪人的职业道德，是培养和造就高素质的经纪人队伍的必然要求。

我国《公民道德建设实施纲要》规定"爱岗敬业，诚实守信，办事公道，服务群众，奉献社会"的行为规范，是全社会的行为规范和准则，也是各行业共同遵循的职业道德规范。农村经纪人的职业道德规范和行为准则有五大条款，10 句话，40 个字，即：①爱岗敬业，诚实守信；②遵纪守法，办事公道；③精通业务，讲求效益；④服务群众，奉献社会；⑤规范操作，保障安全。

1. 爱岗敬业，诚实守信

（1）爱岗敬业　爱岗敬业是职业道德的基础和核心，是职业道德所倡导的首要规范，是对新农村经纪人工作态度的要求。

爱岗是农村经纪人做好本职工作的基础。只有对自己的工作认识明确、感情真挚，在实际工作过程中，才能最大限度地发挥自己的聪明才智，表现出热情积极、勇于探索的创造精神。农村经纪人必须深刻理解自己的岗位要求，热爱经纪业务，自觉学习和探索经纪工作所需的各种知识和技能，掌握做好经纪工作的规律和方法。热爱经纪工作的经纪人，在追求职业目标的过程中，会用对事业热情追求的精神去克服困难和挫折，练就坚强的职业道德。

敬业是农村经纪人做好工作的必要条件。敬业是指认真履行所从事的社会事务，尽职尽责，一丝不苟，在职业生活中表现出兢兢业业、埋头苦干、任劳任怨的强烈事业心和忘我精神。敬业是农村经纪人履行职业义务的道德责任和基本要求。农村经纪人在热爱自己本职工作的基础上，无论处在什么样的工作环境中，都能保持乐观向上的心理状态，以饱满、激昂的斗志，善始善终地完成所承担的任务。敬业，需要农村经纪人在从事工作的过程中，不计较个人利害得失，苦干、实干。在困难面前不低头、不退缩，勇往直前。

作为农村经纪人，必须把对本职工作的热爱之情体现在忘我的劳动创造及为取得劳动成果而进行的努力奋斗过程中。要用对本职工作全身心的爱，去推动自己在经纪活动中做出优异成绩。

(2)诚实守信　诚实守信是做人的根本，是中华民族的传统美德，也是优良的职业作风。诚实，就是忠实于事物的本来面貌，不歪曲篡改事实，不隐瞒自己的真实思想，不掩饰自己的真实情感，不说谎，不作假，不为不可告人的目的而欺骗他人。守信，就是重信用，讲信誉，信守诺言，忠实于自己承担的义务，答应别人的事一定要去做。诚实守信是经济活动中调节农村经纪人与工作对象之间关系的重要行为准则，是农村经纪人长期生存发展的根本，是农村经纪人不可缺少的道德品质。作为农村经纪人，必须诚实劳动，遵守契约，言而有信。

2. 遵纪守法，办事公道

(1)遵纪守法　自觉遵守宪法和法律，维护社会稳定，是每一个公民的基本义务，也是农村经纪人必须遵守的准则。农村经纪人所从事的职业有其特殊的行业特点，在进行收购、储运、销售以及代理、信息传递、服务中介的活动中，涉及许多法律和法则，例如，合同法、消费者权益保护法、产品质量法、计量法、税收管理法、野生动物保护法、食品卫生法、动植物检疫法以及道路运输管理条例等。农村经纪人在职业活动中要分清什么是合法行为，什么是违法行为，提高法律意识，树立法制观念，依法办事，真正做到学法、知法。农村经纪人也要善于运用法律武器保护自身的合法权益。有的人由于不懂法律，当自己的合法权益受到非法侵害时，不能运用法律武器去维护自己的合法权益，而是“私了”，或者采用违法犯罪的手段去维护自身的权益。例如，有一位农村经纪人储存在仓库中的草药被人盗走了，有人提供线索，知道了盗草药的是同村一农民，但他没有向公安机关报案，而是找了几个朋友，直接到那个农民家索要，发生争执，他的几个朋友把那个农民打伤致残，结果自己反倒犯了故意伤害罪。还有的人，在农产品运输过程中，被各种原因损害，不但不报案，而是采取“私了”的办法，其结果是不仅自己的合法权益未得到维护，反而使自己遭受到更大的损失。学法知法就是要知道法律是如何规定的，当你的农产品、你的储运行为、你的收购与销售行为等受到非法侵害时，就可以根据法律的有关规定，请求法院维护你的合法权益，而不是用非法手段“私了”。

(2)办事公道　各行各业的劳动者在处理各种职业关系或从事各种活动的过程中，要做到公平、公正、公开，不损公肥私，这是职业道德的基本准则。做公正人，办公道事，历来是农村经纪人所追求的重要道德目标。办事公道是指农村经纪人在办事情、处理问题时，要站在公正的立场上，对当事双方公平合理、不偏不倚，不论对谁都是按同一标准衡量。

3. 精通业务，讲求效益　精通业务，讲求效益，这是辩证统一的两个方面，只有业务精通，才有好的效益。效益是精通业务的成果。农村经纪人是从事“三农”经济的中介服务人，如农产品销售、农业科技成果转化为现实生产力和农村劳动力转移等。农村经纪人的经纪业务涉及很多知识，包括农村市场、农副产品、财务成本、经营管理、经济地理、法律法则、安全卫生、信息技术、公共关系艺术以及国际贸易等。农副产品销售经纪人，科技成果转化经纪人以及农村劳动力转移经纪人业务又各有不同，这就需要精通业务，才能取得好的效益。如农业科技成果转化经纪人，就需要有一批既懂技术、技能，又会经营的“专门人才”、“市场专家”、“销售能人”，利用自己掌握的科技知识为农民服务，以科技能人的身份帮助农民引进推广各种农业新产品、新品种、新技术。农村经纪人土生土长，农民对他们信得过，他们与农民之间具有天然的联系，对乡情了如指掌，他们懂得农民的需求。用他们的方式和信誉推广新的技术和品种，农民容易接受。农村经纪人学习科学技术，运用科学技术，服务于农民，并在服务农民过程中获得了收入，同时也普及了科学技能，推广了科技方法。

4. 服务群众，奉献社会

(1)服务群众　服务群众是为人民服务的道德要求在职业道德中的具体体现，是农村经纪人必须遵守的职业道德规范。服务群众是每个职业劳动者职业道德的基本规范，揭示了职业与人民群众的关系，指出了农村经纪人的主要服务对象是人民群众。农村经纪人大多来自人民群众，其活动直接促进了农产品流通。只有本着为群众服务的宗旨，才能更好地从事农产品的经纪活动。

(2)奉献社会　奉献社会是社会主义职业道德的最高要求。它要求农村经纪人努力多为社会做贡献，为社会整体长远的利益，不惜牺牲个人的利益。因此，它是一种高尚的社会主义道德规范和要求。农村经济人要在实现自己价值的同时奉献社会。

5. 规范操作，保障安全　规范操作是对农村经纪人在经纪活动过程中的具体要求。农产品的经纪活动经常涉及农产品的加工、储备、运输等业务，在操作过程中，应熟悉食品生产的要求、交通工具和机械设备的正确使用，注意防火、防盗，学习一些自救知识等。这样，才可能使自身和他人及整个经纪活动的安全得到保障。

第三章　农村经纪人的营销管理

一、农产品市场的基本知识

农产品的特殊性使农产品市场呈现出区别于其他市场的特征。农业在不同发展阶段与发展环境下呈现不同的主要特点，决定了农产品市场在具有基本特征的同时，还具有与时代和环境等相适应的特殊属性，为此要求我们对农产品市场特征的理解要有与时俱进的态度，不断发现新情况和研究新问题，以更好地丰富和发展农产品市场营销的理论，并有效地运用于工作与实践。

（一）什么是市场

市场属于商品经济的范畴。随着社会分工和商品生产与商品交换的产生和发展，与之相适应的市场也随之产生和发展，即哪里有商品生产和商品交换，哪里就有市场。因此，市场作为联系生产和消费的纽带，其概念是随着商品经济的发展而发展的，其内涵也随着商品经济的发展而不断丰富和充实。人们从不同的角度对市场的概念有不同的理解。

1. 市场是商品交换的实体场所　这里把市场从空间角度定义为做买卖的场所，它是一种集市，反映商品交换双方在同一地点进行交易这一经济现象，这是最初狭义而具体的市场形态。在生产力发展水平较低和商品经济不发达的社会中，能进入交换领域的商品较少，生产者的剩余产品只需要找一个适当地点去卖，并能买到他所需要的其他产品就行了，这样就形成了市场。把市场理解为“场所”，从古代一直沿袭至现代社会，如人们生活中所提到的

“菜市场”、“农贸市场”等，都是对市场这种狭义内涵的应用。后来，市场的这层内涵扩展到指任何所有权交换的场所，在该类场所，买卖各方不一定需要将用于交换的商品集中在此，只需通过谈判达成交换协议即可，如期货交易所、股票交易所等。

与市场的这种内涵相近的表达方式还有：“市场是商品的集散地”、“市场是销售商品的店铺”以及“市场是从事商品交换的机构”等。

2. 市场是商品交换关系的总和　当人们分析商品交换行为时会发现，商品交换不是自动进行的，而是由商品所有者操纵进行的，市场上的商品交换关系体现着商品所有者之间的关系。通过对无数次商品买卖行为的抽象可以看出，市场是买卖双方相互让渡其商品的交换关系的总和。这种意义的市场概念说明了市场的本质是人与人之间的经济关系。

3. 市场是供给和需求的统一体　从宏观角度看，市场是由供给（卖方）和需求（买方）两大要素组成的，同时，可供交换的商品是实现交换的物质基础，具有买卖双方都能接受的交易条件和交易价格是实现商品交换和所有权转移的具体条件。就供给而言，卖方提供产品或劳务是市场中进行交换的物质基础，是买卖的对象。当产品供不应求时，形成卖方市场，这时供给限制需求；从需求角度讲，产品卖出去才能转化为商品，实现自身的价值，即产品有需求。因而，当产品总体供过于求时，形成买方市场，这时需求决定供给。

只有供给者而无需求者或只有需求者而无供给者，都不能形成商品交换，自然不存在市场。这一概念的核心是供求关系的实现。它对指导供给者正确分析市场态势并做出科学的供应决策具有重要的现实意义。当社会生产力发展水平较低时，市场上多数商品供不应求，市场由供给者主宰（即卖方市场），供应者卖什么，消费者只能被动地买什么。这时，市场管理者只需抓好生产就行，无需研究市场，也不必树立竞争意识。随着商品经济和市场经济的发展，社会生产力有了大幅度的提高，商品供应充足，消费者选购商品的余地也越来越大，市场开始主要由消费者主宰(即买方市场)，市场上能卖出什么，也就是说，消费者愿意买什么，供给者就力争供给什么。这时，市场管理者必须研究市场需求并主动适应这种需求，才能从供应适销对路产品的过程中于市场中求得生存与发展。

4. 市场是具有现实和潜在需求的客户群 市场是由一切具有特定欲望和需求并且愿意和能够以交换来满足这种欲望和需求的客户群(包括个人或组织)组成。市场规模的大小是由具有需求、拥有他人所需的资源且愿意以这些资源交换其所需的人数决定的，市场就是在一定时空条件下具有现实和潜在需求的客户群。客户群的构成可以是个人，也可以是组织。市场营销管理就是供给者为满足消费者需求而开展的一系列管理活动。哪里有未被满足的需求，哪里就有市场。当然，它是一个有支付能力的有效的需求，而不是“我想拥有一套别墅”却买不起的观念需求。作为现实有效的市场，是由三个缺一不可的要素构成的，即：

市场＝购买欲望 ＋ 购买力 ＋ 客户群(人口)

购买欲望是指消费者购买商品的动机、愿望和要求。消费者只有存在愿意买商品的欲望，才有可能产生现实的购买行为，最终把钱从腰包里掏出来。也就是说，消费者愿意买是能够实现交换的前提。作为经营者，在引导消费者产生购买愿望的同时促使他们购买自己的商品，是扩大市场的重要手段。促销的最终目的就是通过信息交流来刺激消费者现实或未来潜在的购买欲望，使自己的产品能走向更大的市场。

购买力是指人们支付货币购买商品或劳务的能力。在消费者愿意买商品时，能够买得起商品是商品走向现实市场的必由之路。

购买力主要是由购买者的收入水平决定的。一般说来，购买力由消费者收入水平和物价水平决定，人们收入越多，购买力就越高，市场也随之扩大，反之，市场则较小。

消费者群是构成市场的基本因素和决定市场大小的基本前提，哪里有消费者群，哪里才能有市场，它是决定市场规模的主要因素。

由此可见，当商品的生产力水平较高、商品供给者之间的竞争程度不断加剧、买方市场形成时，市场的内涵主要侧重于需求，开拓市场就是扩大需求。我们说某一种产品有市场，就是指该产品拥有愿意买并且买得起的消费者群(客户或需求)。这种消费者越多，该产品的市场就越大。市场营销中的"市场"主要应用的是该含义。

5. 市场是将买卖双方联系在一起的制度　市场是便于物品、劳务、生产要素或未来承诺的交易的任何一种制度，是便于将买卖双方联系在一起的一种安排。随着通讯工具的发展，现代市场不再局限于特定的场所，买卖各方也不一定见面，这时的市场交易则变成了一种制度性安排。例如，世界农产品市场，不是指某个具体的地方，而是从事世界农产品买卖的农产品生产者、加工者、批发商、零售商、使用者之间的相互联系和有关安排。他们不是在某个地方相会，而是通过电话、电传、网络等信息传输工具进行联系，从而形成世界农产品市场。

对市场概念的不同阐述，只是各自强调的角度不同，以及时代背景不同，相互之间并不矛盾。供应者面向市场，是指供应者要面向某一国家或某一地区的消费者群，面向有购买欲望和购买能力的目标顾客，研究其购买行为、购买心理和购买习惯，结合自身的生产供应实际和产品销售地区的供求关系等情况，来确定经营方向和服务对象，从而制定正确的生产经营决策和市场管理策略，以达到自身的市场目标并提高经济效益。

（二）什么是农产品市场

由于市场可以从“交易的场所”、“供求关系的总和或供求统一体”、“具有消费欲望和购买能力的消费者群”以及“联系买卖双方的一种制度或安排”等多方面来理解，那么农产品市场也可以从上述市场的内涵中进行相应的理解，只是交易对象是农产品而已。因而，狭义的农产品市场可以理解为买卖双方实现农产品所有权交换的具体场所或活动；而广义的农产品市场则是指任何形式的农产品交易活动和交换关系的总和。从农产品供求关系的演变中看，在农产品生产供应能力不断提高、农产品生产供给者之间的竞争程度不断加剧促使供给大于需求而形成农产品买方市场时，农产品市场的内涵则越来越侧重于强调需求。开拓农产品市场就是扩大农产品的需求，从而使该农产品所拥有的愿意买并且买得起的消费者群（需求）越来越壮大。

无论从哪些角度理解农产品市场的内涵，作为“交换场所”的狭义内涵仍有较大的应用空间。狭义的农产品市场一般由交易设施、交易品的供求和交易人这三个基本要素组成。

1. 交易设施 交易设施是进行农产品交换所需要的场所、冷藏保鲜设备和仓储运输等必要的设施。

2. 交易品的供求 在交易品的供求中，交易品是用于交换的对象或交易客体，对于卖主来讲是作为商品的农产品，对于买主而言则是货币。只有同时存在交易品的供给与需求，交易才有可能实现。

3. 交易人 农产品交易人是指从事农产品交易活动的当事人。他们中既有把自己生产的农产品用于销售、获得收入以补偿生产费用并获得利润的生产者，也有购买农产品用于满足自身的生活消费需求或生产加工需要的消费和使用者，还有既不是农产品的直接生产者，又不是农产品的直接消费使用者的中间商，他们出卖农产品的价格要高于购买价格，从中赚取差价以便补偿买卖活动中的费用，并能得到一定的利润。

（三）农产品市场的主要特征

农产品市场与一般工业品等其他产品市场相比，自身的特征主要体现在：

1. 缺乏供给的弹性 作为市场供给对象的农产品，生产上的季节性和周期性使其短期总供给缺乏弹性。农产品大多是自然生产的生物性产品。在生产上因受自然气候变化及生产周期长等因素影响，使多数产品在供给上具有季节性和周期性。供给在一年之中有淡季、旺季之分，数年之间有丰产、欠产等各种现象。例如棉花的收获多集中在 9 月；西瓜上市旺季主要在第三季度；我国水稻在北方一年只收获 1 次，在南方光温条件好的区域一年最多不超过 3 次。虽然现代科技可以缩短一些农产品的生长周期，并可通过反季节栽培调整部分农产品的上市时间，但总体上农产品供给的季节性和周期性仍是其进入市场的主要特点。

受农产品生产周期相对较长和农业生产要素（土地、资本及劳动力等）一旦投入则短期内调整余地较小等因素的影响，农产品生产者面对市场价格的变化，在短期不容易灵活调整生产投资等供给决策，因而农产品的短期总供给一般缺乏价格弹性。

2. 具有市场需求的双重性 作为市场需求对象的农产品，具有功能的双重性，生活消费上的大量性、连续性、多样性和可替代性，总体上农产品的需求弹性较小。

农产品具有生产资料和生活资料的双重功能：市场上的农副产品有的供给农业生产单位用作生产资料，如植物生产用种、动物生产用的种畜和饲料、工业生产中用的各种原材料等；有的又是人们日常生活离不开的必需食品，如谷物、果蔬和肉禽蛋等。

由于农产品能够满足人类吃、穿等基本生活需求而具有消费中的大量性和连续性。人们因衣食等消费偏好的千差万别而对农产品的需求表现出多样性。作为食品的许多农产品在效用上可以相互替代,如不同的肉类都能满足人们对动物蛋白质的需求。

由于人体对能量等基本需求的相对稳定性,使人们对食用农产品的基本需求量总体上不会因价格变化而发生大的变化,所以,一般而言,总体上农产品的需求弹性是相对较小的。

3. 存在较大的风险性 农产品的市场交易风险较大,交易规模上现代化市场与传统小型分散市场并存。农产品大多是具有生命的生物性自然产品,具有鲜活易腐性,在储运、销售等过程中容易破损和变性等,如果在市场上从供给方到达最终需求者经历的时间过长,极易造成腐变等损失,所以农产品的市场的交易风险较大。

在我国,农产品的生产供给多数仍分散在千家万户的农民那里,农产品的集中交易具有较强的地域性。交易规模上,既有一些区域所采用的传统小型分散的集市贸易或社区等形式的交易,也有大中城市、交通枢纽等地交易规模较大的现代化农产品市场,如现代化的批发市场、期货市场、超级市场等。农产品市场多种交易形式与规模并存,是保证农产品有效回避市场风险的重要途径。

4. 农产品市场存在一定的不完全"完全竞争"性 农产品市场的"完全竞争"结构在一定程度上发生了改变,一些农产品的市场进入壁垒开始加大。市场供求者的大量性、产品的同质性、市场价格的既定性、进出行业的自由性以及信息的完备性等是经济学中对完全竞争市场的基本假设。长期以来,由于农产品生产者数量众多,单个生产者的生产规模相对于整个行业的产量来说是很小的,同一种农产品之间的产品差别不明显,单个农产品生产者的行为无法影响其他生产者的行为和农产品的价格,虽然在农产品市场上,还存在着农产品生产者不能完全自由进入以及信息不完全等现象,但一般而言,农产品生产者一直被认为是处在一个接近完全竞争的市场上。然而，随着农业生产力的不断提高和社会经济发展导致人们生活水平的不断提高，农产品无论从供给还是从需求方面，都发生了较大变化，农产品市场上的完全竞争局面逐步发生改变，在不少农产品市场的竞争中，出现了不完全竞争的市场结构特征。

虽然农产品市场上存在着过剩的生产能力、非价格竞争、产品差异等不完全竞争市场上所呈现的特征，而且部分农产品已明显不符合完全竞争的假设，但总体上农产品市场相对于其他产品市场而言仍以竞争性为主，具有一定的经济效率。

（四）农产品市场的分类

农产品市场可以按照农产品购买者、市场组织主体、交易场所的性质、交易形式、农产品销售方式、市场形态、产品交换的区域范围以及产品类别等不同标准进行分类。

1. 按农产品购买者不同划分，可将农产品市场分为个人消费者市场、生产者市场 个人消费者市场是农产品购买者为满足自身或其家庭成员的需求而进行购买活动的农产品市场。它是整个农业生产活动为之服务的最终市场，也是农产品营销管理研究的重点之一。当农产品作为生活资料进入消费领域时面对的就是个人消费者市场。

生产者市场是为满足生产者的生产经营需求而提供商品或劳务的市场。当农产品作为农业或工业的生产资料时，面向的就是生产者市场。

个人消费者市场与生产者市场的主要区别在于：个人消费者市场的购买目的是生活消费，不谋求赢利。从社会再生产过程看是再生产一次循环的结束，属于最终消费。它的购买者是个人；而生产者市场的购买目的是为维持生产经营活动，一般有赢利目标。从社会再生产过程看是再生产的中间环节，是生产性消费。它的购买者一般是有专业人员参与的有组织的购买。这种差别使上述两种市场在需求和购买行为上有较大的区别，由此决定了对这两种市场的营销管理策略不同。比如，对同一种农产品的生产，会因为卖给个人消费者作最终消费和卖给生产者作为生产资料进行再生产或转售而必然采取不同的营销管理措施。

2. 按农产品市场组织主体的不同，农产品市场可分为国有商业组织的农产品交易市场、供销合作社组织的农产品交易市场、集体商业组织的农产品交易市场、农村个体商业组织的商品交易市场等

(1)*国有商业组织的农产品交易市场* 包括外贸、食品、粮食等部门或企业组织收购与销售的各类交易市场。这类市场一般以大类农产品(如粮食等)为主要经营对象。

(2)*供销合作社组织的农产品交易市场* 包括供销社自营和受有关方面委托代营的商品交易市场。社会主义新农村建设过程中，为帮助农民顺利与市场对接，鼓励大力发展供销合作社组织。

(3)*集体商业组织的农产品交易市场* 包括农工商联合公司、农民集体组织的商业公司及合作商店等构成的商品交易市场。

(4)*农村个体商业组织的商品交易市场* 它类似于农民专业运输户的长途贩运、个体小商贩走乡串户或走街串巷来收购和销售农产品所构成的商品交易市场。

3. 按农产品交易场所的性质划分，农产品市场可分为产地市场、销地市场和集散与中转地市场等

(1)*产地市场* 产地市场是在各个农产品产地形成或兴建的定期或不定期的农产品市场。它具有接近生产者、以现货交易为主要交易方式、专业性强(以某一种农产品交易为主)和以成批销售为主的特点。其主要功能：一是为分散生产经营农产品的农户提供集中销售农产品的市场机会；二是传播市场信息；三是便于农产品的初步整理、分级、加工、包装和储运。

(2)销地市场　销地市场是设在大中城市和小城镇的农产品市场。销地市场又可进一步分为销地批发市场和销地零售市场。面向大中城市内农产品零售商、饭店和机关、企事业单位食堂等购买对象的主要是消费地批发市场。广泛分布于大、中、小城市和城镇的则是销地零售市场,其主要职能是把经过集中、初加工和储运等环节的农产品销售给最终消费者。

(3)集散与中转地市场　集散与中转地市场的主要职能是将来自各个产地市场的农产品进一步集中,经过再加工、储藏与包装,通过批发商分销给全国各销地批发市场。集散与中转地市场类市场一般多设在如公路、铁路交汇处等交通便利的地方,自发形成的集散与中转市场有的也设在交通不便的地方。这类市场一般规模都比较大,建有较大的交易场所和停车场、仓储设施等配套服务设施。

4. 按农产品交易形式和商品交割时间划分,农产品市场分为现货市场、期货市场和拍卖交易市场等

(1)现货交易市场　现货交易市场是指进行现货交易的场所或交易活动。现货交易则是指根据买卖双方经过谈判(讨价还价)达成的口头或书面买卖协议所商定的付款方式和其他条件,在一定时期内进行实物商品交付和货款结算的交易形式。它又分为即期交易和远期交易。前者指买卖双方立即进行的一手交钱、一手交货的交易。我国目前进行的小额农产品市场交易多属于此类。而后者是指根据买卖双方事先签订的书面形式的农产品买卖合同所规定的条款,在约定的时期内进行实物商品交付和货款结算的交易形式。我国目前出售大宗农产品多采用远期现货交易形式。

(2)期货交易市场　期货交易市场就是指进行期货买卖的场所,如郑州粮食期货交易所。农产品期货交易的对象并不是农产品实体,而是买卖双方转让的农产品的标准化合同。宏观上农产品期货市场具有节约社会风险准备金、缓和价格波动等功能;微观上则主要具有转移和扩散风险、价格发现和套期保值功能。

(3)拍卖交易市场　拍卖交易市场是以拍卖方式实现商品交换而形成的市场。在拍卖市场参与拍卖活动并与拍卖有直接关系的当事人,主要包括拍卖人、委托人和竞买人。

5. 依据农产品市场交易规模和类型,农产品市场可分为农副产品综合交易市场、专业批发市场、零售市场、城乡集市贸易市场等

(1)农副产品综合交易市场　是指经营各类农副产品的批发及零售交易的市场。

(2)专业批发市场　是指按批发价专门从事某类农产品(如大宗农产品)批发交易的市场。一般在生产者、批发商和零售商之间进行交易。其主要职能有农产品集散、农产品价格形成、农产品信息传递(如新闻信息、统计信息和咨询信息等)、农产品加工、包装和储运等。从其在流通中所处的环节来看,不仅农产品产地和中转集散地设有批发市场(如山东寿光蔬菜批发市场、蛇窝泊果品批发市场等),作为销地的大中城市也可设立批发市场。

(3)零售市场　是指小量交易的场所,具有反馈信息和实现产品价值等功能,是产品销售的终端。主要包括农村的集市、城市的副食商店、食品商店、农贸市场和超级市场。

6. 按农产品市场形态的差别,农产品市场分为传统农产品交易市场、新兴农产品交易市场等　农产品的网络营销和农产品电子商务等都是在现代经济条件下形成的新的营销手段,并据此形成新的虚拟农产品交易市场。

7. 依据农产品交换的区域划分,农产品市场可分为国内市场、国际市场、城市市场和农村市场等　如甘肃省的农产品在2006年主要通过国内市场,通过跨省销售,拓展大宗优势农产品的市场销售区域。该省的主要优势农产品品种主要包括以马铃薯为主的蔬菜、水果、牛羊肉、洋葱和百合等。产品销往上海、西宁和深圳等全国 26 个省(自治区、直辖市)的 60 多个批发市场。在外省市销售的农产品占本省总产量的比例分别为:蔬菜占 73%、水果占 39%。马铃薯、苹果、洋葱、胡萝卜等大宗农产品 60%~70% 销往国内各大中城市。由此看来,甘肃省的农产品主要以国内城市市场为主要交换区域。不同的农产品可以依据自身特点选择国内或国际市场。

8. 按交易的农产品类别划分,农产品市场可分为木材市场、粮食市场、蔬菜市场、果品市场、肉禽市场和水产品市场等 总体看,我国农产品 1/3 以上实现了跨省消费。农产品市场交易方式已由集市贸易扩大到专业批发、跨区域贸易、订单和期货交易,逐步形成了以大型农产品批发市场为核心,以中小型市场和城乡集贸市场为基础,以直销配送和超市经营为补充,结合产销地批发市场、集贸市场、零售市场等形式的多层次、多形式、多功能的市场体系。

在农产品主产区以及各大中心城市已经形成了完备的粮食、蔬菜、肉类、水果等批发市场体系。市场建设规模越来越大,功能日臻完善,市场主体的组织化程度逐步提高,发展势头有增无减。同时,以配送、超市、大卖场等为主的现代流通方式发展势头迅猛,农产品已经在国内不少大中城市(如北京、广州、武汉、深圳等)的中心区进入超市经营,成为现代农产品流通的新业态。

【案　例】

农村经纪人实现小生产与大市场的对接

回志霞原本是天津市蓟县邦均镇的一名农妇,现从事农村经纪人工作 10 年,走出了一条不平凡的经纪之路。10 年前,回志霞家种了几亩地的乔木和花卉,然而身处大山中,销路始终是个大难题。没办法,她就和丈夫用车搬着成吨的样品到农村集市上去推销。慢慢地一些客商看中她家优质花卉、乔木品种，形成了固定客户，还给介绍新的外地客商。于是她开始做农村经纪人，帮助乡亲们找销路，不仅自己致富，也给乡亲们带来了财富，被誉为“威风八面”的“大能人”。她不仅了解每种花木品种的价格、种植规模等详细信息，而且凭自己敏锐的“市场嗅觉”给种植户以指导。经过10年经营，除自家花卉、乔木外，还有近2 000个花卉、乔木、花灌木种植户靠她外销产品，年收入过百万元，其客户遍布华北、东北等地，销路不断扩大。在她的带动下，一批乡亲也成了农村经纪人。目前，蓟县邦均苗木花卉基地共有农村经纪人1 000多人，吸引入住公司达30余家，年交易额达5亿元以上，同时带动周边地区苗木花卉交易2亿多元，成为面向京、津、冀，辐射“三北”的重要苗木花卉交易集散地。

（案例来源：孙毅．从农妇到农村经纪人10年创业成致富带头人．中国网，2011-12-18）

二、市场营销策略

（一）市场营销策略的分类

1. 市场细分策略 在20世纪50年代中期，美国市场营销专家温德尔·斯密提出了一个新的概念——市场细分化。市场细分化就是根据消费者的明显不同，把市场分割为两个或者更多的消费者群体，每一个消费者群体可以称为一个细分市场，各个细分市场都是由需求与愿望相同或相近的消费者组成。

根据各种市场细分化标准和标志，虽然都可以进行市场细分化，但并非所有的企业都需要将全部的产品按市场细分化的要求进行生产，市场细分化处在基础层面，企业需要以此为基础进行决策，企业在选择目标市场时，通常可以运用以下三种策略。

(1)*无差异性市场策略*　采用无差异性市场策略时，企业会对市场细分化的结果进行分析，当它认定人们需求的共同点市场很大时，可以将构成市场的各个部分一视同仁，只考虑共性而不考虑个性。它会针对人们共同的需求推出单一的产品，以单一的市场营销策略来迎合购买群体中大多数人的需求。例如，某一个汽车生产企业生产四吨的载重货车，它以一种车型、一种色彩、一个价格在全国范围内销售，它可以不考虑企业、机关、城市和乡村的差别。

采用无差异性市场策略时，企业视市场为一个整体，认定绝大部分的消费者对这一产品都有共同的需求，因而它会凭借大众化的分配路线，以大量的广告和相同的主题，在消费者心目中建立起超级产品的形象。例如，可口可乐公司曾经在相当长的时间内，因拥有唯一的饮料配方，而仅生产一种口味、一种瓶形、一种包装规格的可口可乐，甚至在世界各地播放的广告词句也完全相同。

无差异性市场策略的立论基石是成本的经济性。它认为营销就像制造业中的规模和标准化生产一样，通过缩减产品品种、扩大生产规模可以降低生产和经营成本，无差异性市场策略还因其广告类型和市场研究的简单化而节省费用。

然而，一种产品长期被消费者接受的情况并不多见，而且，采用这一策略的企业一般都是针对最大的细分市场发展单一的产品与营销计划，这样容易引起这一领域内的激烈竞争。随着市场竞争的加剧，企业可能会转而关注较小的细分市场，这样就会使企业的市场细分化策略发生转变。

(2)*差异性市场策略*　采用差异性市场策略时，企业首先进行市场细分化，然后针对各个细分市场的特点，为各个细分市场设计不同的产品并制定不同的市场营销计划。它凭借不同的产品和市场营销的差异，力求在每一个细分市场上建立起深厚的基础，从而扩大其销售量。由于有产品和营销的差异，它能满足各种顾客群的不同需求，因而能提高顾客对产品的信赖程度和购买频率。

在实行差异性市场策略时，企业试图将市场划分为两个或两个以上的细分市场，并向各个细分市场分别推出独特的产品，力求增进企业在这些细分市场中的地位和顾客对该类产品的认识。近年来，国内外一些稍具规模的企业，大都采用差异性市场策略。例如，以长期采用无差异性市场策略而著称的可口可乐公司，也已开始采用各种大小不同的瓶装和罐装，推出了几个系列的产品，并针对不同系列的产品做不同的广告。

显然，差异性市场策略能满足不同消费者群的需求，有些企业甚至对次要的细分市场也不放过，为其开发独特的产品，以求能使企业的市场占有率不断提高。但是，由于生产的产品不同而且生产的批量较小，又采用了不同的营销策略，这会使其企业的生产成本、管理费用和销售费用都有较大幅度的上升。

(3)密集性市场策略　无论是无差异性市场策略或是差异性市场策略，都是以整个市场为其营销对象的。而密集性市场策略，则是选择一个或少数几个细分市场作为企业的营销对象，这样，企业可以集中采用一种营销手段服务于选定的、小范围的细分市场。

实施这种策略的主要理由是，与其在整个市场中占有很小的市场份额，不如在局部的市场中占有较大的份额。采用这种策略的企业，将不再使精力分布在市场的各个部分，而是集中精力在一个细分市场中寻求小范围的优势地位。这样不仅可以节省营销费用、增加企业的赢利，而且还可以提高企业及其产品的局部知名度。但是，实行密集性市场策略也会有较大的风险性，当另一个企业进入同一个细分市场时，对原有企业的影响会很大。

以上三种市场细分化策略各具优势和弱点。由于企业的营销观念不同，对目标市场的态度不同，其市场细分化策略也不尽相同。企业只有从自身的条件出发，分析企业、产品、市场等条件，才能全面地权衡和选定其某一阶段的市场细分化策略。

2. 市场竞争策略　市场竞争策略是企业为适应市场形势发展而制定的营销方针和采取的营销手段及其有效组合。市场竞争存在于卖主和买主之间以及各方内部，但在一般情况下，人们研究市场竞争主要是研究卖主与卖主之间对市场的争夺。市场竞争策略可以归纳为以下五个方面。

(1)*以创新取胜*　由于生产技术水平不断发展，人们的生活水平也在逐步提高，市场消费需求必然会不断地发生变化。人们不但要求产品在数量上满足需求，而且要求在质量上能够不断创新。为了满足消费者不断变化的需求，企业应着力开发新产品，研制设计新、款式新的适销产品，以此作为企业的市场竞争策略。

(2)*以优质取胜*　商品的质量表现为其适用性和耐用程度，商品质量的好坏直接影响到消费者的利益。如果消费者在市场上买到的商品不适用也不耐用，消费者就会在经济上受到损失，并对这种产品产生一种不良的印象。随着时间的推移，这种不良的印象会不断扩大范围，最终使某一产品失去销路。

产品质量与产品竞争能力呈正比关系。产品质量高，则竞争力较强；产品质量低，则竞争力较弱。所以，质量是企业参与市场竞争的保证，没有质量就没有市场份额。企业应以提高产品质量作为提高自身市场竞争能力的重要手段。

(3)*以廉价取胜*　市场消费需求是指消费者有支付能力的需求。在消费者购买力既定的情况下，市场消费需求的满足程度决定于价格。无论消费者的购买力如何，价廉物美总是消费者的追求。企业在保证产品质量的前提下降低成本，并以此来赢得价格优势，就成为企业在市场竞争中取胜的途径之一。

(4)*以快速取胜*　市场消费需求的满足也有其时间性。有些需求只有在适当时间才能满足，错过时间就无法满足。再有就是企业为了满足市场消费需求，必须要快速适应市场提出的要求，谁适应得快，谁就能尽快抢占商机。在市场竞争中只有迅速掌握市场发展和变化的动态规律，迅速设计投产，迅速将产品投放市场，才可以避免坐失良机，才可能在竞争中取胜。

(5)*以服务取胜* 企业生产出物美价廉的产品，还需要有良好的销售服务，才能使产品在市场上占有有利的竞争地位。销售服务包括为消费者提供产品服务，也包括能为消费者提供周到的技术服务。如果某一种产品的销售服务做得好，那么它在竞争中取胜的可能性就大。

3. 集约发展策略

(1)*市场渗透* 市场渗透是对既有的市场加大市场推广力度，可从以下三个方面来着手进行。一是对现有的顾客更多地出售产品；二是如何从竞争者手中把顾客争取过来；三是如何把产品卖给从未使用过本公司产品的顾客。

(2)*市场发展* 市场发展是指在新的销售区域为产品或劳务开辟新的市场。其意图在于扩大市场销售的地理范围。

(3)*产品发展* 产品发展是指通过发展和改进产品自身的功能和特点去占有更多的市场份额。例如，重新设计产品，以提高产品美观度；对已有的产品进行改造，以增加产品的功能等。

4. 一体化发展策略 企业的一体化发展策略见图3-1。

(1)*向后一体化发展策略* 是指生产企业过去一直是从供应商那里购买原材料，现在打算向产业的上游发展，除了生产原有的产品之外，企业还自己生产所需的原材料。

(2)*向前一体化发展策略* 是指生产企业打算向产业的下游发展，要做原来的客户所做的事情。例如，一家塑料板生产企业，原来是把塑料板卖给客户，客户再将其加工成塑料制品，然后卖给最终消费者，而现在塑料板生产企业把生产的塑料板进一步加工成塑料制品。向前一体化也可以指原来企业是将产品卖给经销商销售，而现在变为自己经销产品而不再雇用经销商。

(3)*水平一体化发展策略* 是指一家公司或企业与经营同样

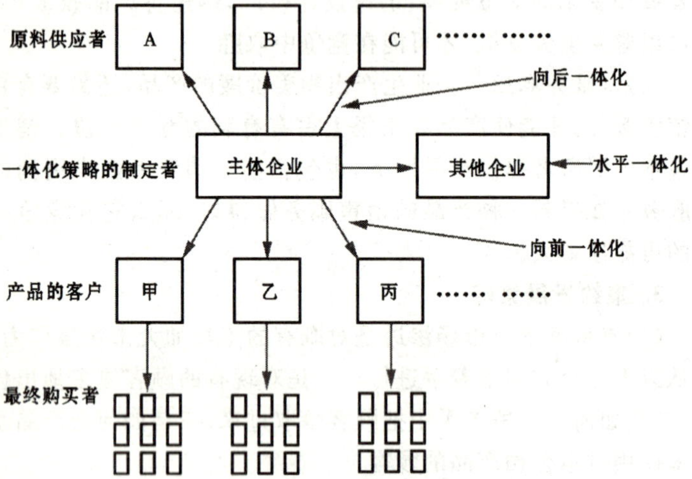

图 3-1 企业的一体化发展策略示意图

业务的另一家公司或企业合并。例如,一家国外的塑料板生产企业,来中国与一家当地的企业合资开办工厂,生产同样的塑料板。这就形成了水平一体化发展策略。

5. 分散发展策略

(1)同心性分散发展策略 见图 3-2。当企业的业务向外拓展时,都共有一个圆心,也就是说,向外分散发展时,利用了企业原有的优势和特长。例如,一个生产拖拉机的企业,准备试生产小型货运汽车,由于可以利用原有的大部分拖拉机部件和生产技术,这就形成了同心性分散发展策略。

(2)水平性分散发展策略 是指公司或企业在分散发展时,仍利用原有的市场,但使用不同的技术。例如,一个生产农用机械的企业,原来只是生产农用机械并将其卖给农民,现在他们采取分散发展策略生产农用化学品,尽管生产农业机械与生产农用化学品所需的技术不同,但其市场相同,因而他们可以仍然利用原有的市

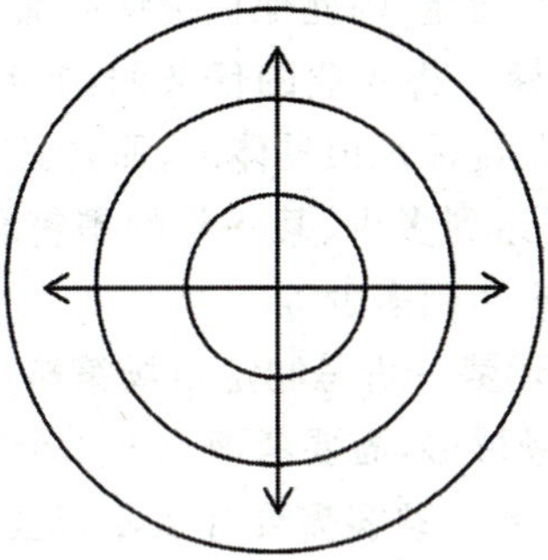

图 3-2　同心性分散发展策略示意图

场。这就形成了水平性分散发展策略。

(3)整体性分散发展策略　是指一个公司或企业把其业务拓展到与原有的技术和市场都完全不一样的行业中去。例如，美国国际电报电话公司，其原有的主要业务是电报和电话，但在旅游业迅速发展的时期，他们期望把业务拓展到旅游业，因而在旅游的热点地区购买了一家旅馆集团。这就是整体性分散发展策略。

(二)市场营销策略的制定

1. 规定企业任务　规定企业任务就是要明确生产什么产品、不生产什么产品。例如，德国的大众汽车公司就只生产大众化的汽车，而不生产豪华汽车。明确了企业的任务，并将企业的任务向全体员工明确讲清有以下几点好处。第一，当顾客提出要订购一种新产品时，企业可以首先参照自己的企业任务，如果订单与企业任务相一致就可以接受，如果与企业任务不一致就可以谢绝。第二，明确企业的任务可以提高企业员工的士气。例如，有些企业没有固定的任务，今天做这个，明天干那个，虽然也能获利，但企业员工的精神状态不会好，没有稳定感，士气低落。如果公司或企业的任务很明确，而且能保持稳定，员工会认为企业的发展方向明确，个人在企业中有发展前途，因此他们情绪高涨、安心工作。

2. 规定企业目标　将企业的任务明确为具体的工作要点就是企业的目标。企业目标是很具体的，而且具有明确的时间性，比如，某一年的产量应达到多少、某一年的销售利润应达到多少、某一年的投资回收率应达到多少等。

3. 形势分析　形势分析是制定市场策略的重要一环，主要是分析企业面临的市场形势，需要考虑以下六个方面的因素。

(1)顾客需要什么　顾客需要什么不仅要考虑现有顾客的需求，还要考虑潜在顾客的需求，不仅要考虑需求的现状，还要考虑需求的变化趋势。

(2)竞争分析　竞争分析是指要对竞争形势进行分析，要具体分析竞争对手在哪些方面有优势，在哪些方面没有优势；面对竞争对手，本企业在哪些方面有优势，在哪些方面没有优势。另外，还要考虑如果竞争对手在策略上有所改变，或者有新的竞争对手加入到竞争中来，本企业应如何应对。

(3)政府限制　一国政府出于保障公众利益和保护环境等方面的需求，会出台一系列法律和法规，以限制企业或消费者的某些行为。例如，政府为了保证公众利益的需要，维持某些行业的市场竞争秩序，而推出“反垄断法”，以限制企业合并。再比如，政府为了保护濒危野生动物，而推出“野生动物保护法”，以此来限制消费野生动物及其相关产品的行为。

(4)供应限制　供应限制主要是指企业在获取原材料时所受到的限制。原材料的供应也像一般的商品供应一样，会由于各种原因而无法实现永久均衡的供应。因而企业在制定市场策略时，必须考虑到原材料的供应限制。

(5)渠道限制　渠道限制包括企业在产品销售过程中可能遇到的各种渠道问题，既包括企业内部的因素(可控制的因素)，也包括企业外部因素(不可控制的因素)。只有充分考虑到产品分配渠道的限制因素，合理地设置产品的分配渠道，才能保证产品销售的稳定。例如，某器械制造厂希望将机床卖给印度的经销商，但经过调查发现印度的经销商财力有限，且其销售人员缺乏专业训练，但企业对印度的最终客户很熟悉，针对这种情况，如果这家企业想进入印度的市场，就要设法解决所面临的这些问题。

(6)企业条件　企业条件是指要分析企业自身的条件，因为制定市场营销策略就是要把企业的外部条件和企业自身的条件相互协调起来，并从中选择一个最佳的行动方案，因而分析企业自身的条件是十分重要的，只有明确自身的优势与不足，才能知己知彼，力争在竞争中取胜。

4. 确定目标市场和市场营销策略的制定　企业首先要确定目标市场，确定目标市场的前提是进行市场细分。当目标市场确定以后，企业就可以开始制定市场营销策略了。制定市场营销策略就要选择市场竞争策略、市场发展策略和确定市场营销组合。

5. 进行市场预测　在企业确定市场营销组合以后，就要对市场的需求进行调查和预测，估计一下企业的生产投入和市场的需求量，为下一步的财务性分析做好准备。

6. 财务可行性分析　根据市场调查和市场预测的结果，进行财务可行性分析。这是企业制定市场营销策略的最后一个环节，也是最重要的一个环节。所谓财务可行性分析，就是对所选择的市场营销组合所需的各项费用支出与可能带来的销售收入进行比较，看一看能否盈利，并进一步分析盈利的数额是否与企业的预期利润目标相一致。如果能达到企业预期的利润目标，那么市场营销策略就具有可行性；反之，如果达不到企业预期的利润目标，那么市场营销策略就不具有可行性。

7. 组织实施与控制　这一步骤中最重要的工作是实施的控制和市场信息的反馈。对于所反馈的信息进行充分的挖掘，从中分析出市场发展的趋势,以更利于决策。

【案 例】

农村经纪人让“倒霉树”变“摇钱树”

以前石门县的柑橘8分钱一斤没人要,大量柑橘要么长期积压烂在家里,要么自生自灭挂在树上。农民视柑橘树为“倒霉”树,一度出现过“砍树运动”。自农民经纪人出现后,石门柑橘在国内20多个省、市建立了销售网点,而且出口到俄罗斯、日本、朝鲜、吉尔吉斯斯坦,并远销英、法等国。2001年至2003年柑橘每斤销售价格分别为0.38～0.42元、0.40～0.45元、0.45～0.48元,每年仅柑橘一项就为橘农增收2000多万元,户均200多元,全县共有5亿元柑橘综合产值进入了农民口袋。如今农民称柑橘为“金果”,称柑橘树为“摇钱树”。

[案例来源:陈先银.对新农村建设中农民经纪人问题的思考.湖南行政学院学报,2003(3):49-50]

三、农村经纪人的谈判技巧

经纪人在从事农产品营销时,必然会涉及谈判的问题。无论是对外贸易,还是国内贸易、引进技术等,都要经过谈判签约这一环节。谈判成功与否,不仅影响到经纪人的信誉,还直接影响农民的利益。因此,经纪人既要组织好谈判的内容,又要十分讲究谈判策略和方法,使之达到预期的效果。

(一)谈判的程序

1. 谈判前的准备阶段 谈判前的准备阶段的工作做得如何,对谈判的顺利进行和取得成功至关重要。大致可包括以下几方面。

(1)选择对象　选择对象即选择谈判的对手。当己方决定争取实现某项交易目标而需进行商务谈判时，首先要做的准备工作就是选择谈判对象。选择谈判对象，应根据交易目标的需要和相互间商务依赖的关系，通过直接或间接的先期探寻即相互寻找、了解交易对象的活动，在若干候选对象中进行分析、比较和谈判的可行性研究，找到己方目标与对象条件的最佳切入点，以实现优化选择。

(2)背景调查　在确定谈判对象的基础上，即应以“知己知彼”为原则，对谈判背景进行认真的调查研究。背景调查，包括对方的背景调查，尤其要做好谈判对象的背景调查。调查的内容包括环境背景、组织背景和人员背景等。背景调查实际上是谈判准备阶段的信息准备，要注重从多种渠道获取信息，建立谈判对象档案，并以动态的观点分析问题。

(3)组建谈判团队　谈判是一项有目标、有计划、有组织的活动，必须依靠具体的谈判人员去实现。所以，组建好谈判团队，是谈判前最重要的准备工作。在很多情况下，某些组织在即将进行的谈判中其实具有相当的优势，但由于缺乏优秀的谈判人员和协调有序的谈判团队，反而导致了谈判的失败。因此，组建好谈判团队，是谈判取得成功的组织保证。一般来说，优秀的谈判团队的组建及运作，要抓好三个环节：一是人员个体素质优化，即按照一定的职业道德、知识能力、心理、体力等要求，做好对谈判人员的挑选。二是团队规模结构适当，即一方面应根据谈判的客观需要和组织的资源条件，使谈判团队规模适当；另一方面应从组织、业务、性格、年龄等构成方面，使谈判团队结构合理、珠联璧合。三是实现队伍有效管理，即通过谈判班子负责人的挑选和履行其职责，通过确定谈判方针和高层领导适当干预，实现对谈判队伍间接或直接地有效管理。

(4)制订计划　谈判计划,是谈判前预先对谈判目标、谈判方略和相关事项所做的设想及其书面安排。它既是谈判前各项主要准备的提纲挈领,又是正式谈判阶段的行动指南。谈判计划是谈判的重要文件,应注意它的保密性,最好限于主管领导和谈判班子成员才可参阅。谈判计划的制订原则,应当简要、明确、灵活。制订程序,应在明确谈判目标以及所要采取的谈判策略的基础上,经谈判班子成员集思广益,报主管领导审批确定。其主要内容一般包括:谈判的基本目标、主要交易条件、各方地位分析、人员分工职责、时间和地点安排、谈判成本预算、谈判策略谋划、必要说明及附件等。

(5)模拟谈判　模拟谈判,是正式谈判前的“彩排”。它是将谈判班子的全体成员分为两部分,一部分人员扮演对方角色,模拟对方的立场、观点和风格,与另一部分己方人员对阵,预演谈判过程。模拟谈判可以帮助己方谈判人员从中发现问题,对既定的谈判计划进行修改和加以完善,使谈判计划更为实用和有效,同时,能使谈判人员获得谈判经验,锻炼谈判能力,从而提高谈判的成功率。模拟谈判的原则是:一要善于假设,提出各种可能出现的问题;二要尽量提高仿真程度,假戏真做;三要把促使对方做出己方希望的决定作为模拟谈判目标;四要认真总结经验,进行必要的反思。模拟谈判的形式,除现场演练以外,还可根据谈判的实际需要,采用列表回答、提问论辩等。

2. 谈判阶段　谈判前准备阶段的各项工作完成后,便可以按照谈判计划的时间和地点开始正式的谈判。这个阶段是谈判当事人为实现预定的交易目标,就交易条件与对方协商的阶段。它是全部谈判程序的中心和关键。

谈判阶段,依照活动过程可以分为若干相互联结的环节或步骤。为了简明,这里划分为以下三个环节。

(1)开局　开局是指谈判当事人各方从见面开始,到进入交易条件的正式磋商之前的这段过程。开局的主要工作有三项：

①营造气氛　即通过相互致意、寒暄、交谈等，营造一种和谐、融洽、合作的谈判气氛，使谈判有一个良好的开端。

②协商通则　即根据谈判议题先对谈判目的、计划、进度等非实质性的安排进行协商，并相互介绍谈判人员。

③开场陈述　即分别简介各自对谈判议题的原则性态度、看法和各方的共同利益。各方陈述后，有时需要做出一种能把各方引向寻求共同利益的进一步陈述，这就是倡议。同时，通过对对方陈述的分析，也可大体了解对方对谈判的需要、诚意和意向，这就是探测。开场陈述之后，谈判即导入实质性的磋商。

(2)磋商　磋商即按照已达成一致的谈判通则，开始就实现交易目标的各项交易条件进行具体协商、讨价还价。它是谈判阶段的核心和最具有实质意义的步骤。磋商过程又包括：

①明示和报价　明示即谈判各方通过各种信息传递方式，明确地表示各自的立场和意见，暴露出分歧点，以便展开讨论。报价，不仅指在价格方面的要价，而且泛指谈判一方向对方提出的所有要求。

②讨价还价　讨价还价即谈判各方在已掌握的各种谈判信息的基础上，为了实现各自的谈判目标和利益，针锋相对、据理力争、反驳论辩、说服对方，这样一个沟通交流的过程。讨价还价常常是一个充满着挑战性的艰辛过程。交锋中，作为谈判人员，一方面要坚定原则立场和底线；另一方面又要以科学的态度、客观的事实、严密的逻辑，倾听、分析对方的意见并回答对方的质询。

③妥协　妥协就是经过激烈的交锋，为了突破谈判僵局，防止谈判破裂和实现谈判目标所做出的让步。实际上，商务谈判不能“一口价”，磋商中的交锋也不可能各方一直无休止地争论和坚持己见。为了寻求都可以接受的条件和共同利益，适时、适当地妥协是完全必要的。妥协的原则应是：有所施、有所受，或者说，有所

失、有所得。在商务谈判中，成功的谈判应当各方都是赢家。而这种“双赢”的结果，必须从各方共同利益的大局着眼，求同存异、互谅互让。从这个意义上可以说，善于做出妥协让步，恰恰是谈判技巧成熟的表现。

(3)协议　协议即协商议定，就是谈判各方经过磋商，特别是经过交锋和妥协，达到了共同利益和预期目标，而拟订协议书并签字生效。协议，标志谈判的成功。之前谈判席上唇枪舌战的对手，顿时亲密无间、互致祝贺。

3. 履约阶段　经过谈判阶段，除中途破裂、分道扬镳者，多数达成协议。而谈判破裂者，有一部分还会重新谈判，最终言归于好。达成协议，是谈判各方反复磋商取得的共识，而且谈判达成一致的条件均具有不可更改性(即只要谈判各方达成协议、签字生效就不能再随意更改，这叫做谈判结束的“不二性”)，所以，达成协议应当说是谈判成功的结果和标志。但是，达成协议又只是交易合作的开始，许多合同内容，如交货、支付等都只能是后续工作，因此，从实现交易目标的角度，达成协议绝不是大功告成。完整的商务谈判程序，必须包括履约阶段。

履约阶段的主要工作是检查协议的履行情况，做好沟通并认真总结。其中，如对方违约，应按照协议索赔；出现争议，需按照协议仲裁。只有在整个合同期协议的全部条款得到了落实，谈判各方的交易目标及其交易合作才真正实现，谈判才算画上了圆满的句号。

(二)谈判的主要内容

在农产品谈判与交易当中，所涉及的内容(条款)很多，这里介绍几个主要的方面。

1. 商品数量条款　商品的数量是交易的主要条件之一。为了确定准确的成交数量，必须首先确定所采用的计量单位和计量方法。

通常使用的计量单位有：重量、数量、长度、体积、面积、容积等。

度量衡制度，国际上常采用公制、英制和美制三种，我国采用公制。

计算重量的方法有：毛重、净重、公量和理论重量。在实际交货时可按合同规定数量上下浮动一个百分比，可以偏离合同数量多少应在合同中明确规定溢短装条款。

2. 商品品质条款 目前，一般采用凭样品、凭规格、凭等级或标准的方式，并在此基础上凭牌号或商标、说明书和图样等方式，表示商品的品质。在商品贸易谈判中，按什么品质标准买卖，应经双方协商，并参照惯例做出明确规定。

3. 商品价格条款 农产品国际贸易中使用的价格术语很多，其中以 FOB.（离岸价格）、CIF.（到岸价格）和 C&F.（离岸加运费价格）三种价格术语最为常用。这三种价格术语有关买卖双方责任的划分，国际上有多种解释，如对装船、订舱含义的理解不尽相同，因此，在交易的谈判中，应当对装船的概念予以明确，并在合同中加以规定，以分清双方所应承担的风险、责任和费用。我国进口货物，一般争取 FOB. 或 C&F. 价格，而出口货物一般均按 C&F. 报价成交。其他形式的谈判确定价格条款时可以根据实际情况协商而定。

4. 商品包装条款 交易合同中的包装条款，主要包括包装材料、包装方式、包装费用和运输标志等。在交易谈判中，我们应重视对包装条件的规定，一方面对双方议定的包装条件，必须在合同中做出明确具体的规定，包括包装用材、尺寸大小、每件重量、数量、填充物料和加固设备等，不能含糊不清；另一方面对外商客户提出的一时还不能办到的包装要求，不能轻易接受。

5. 商品运输条款 商品装运方面的条款主要有：装运期和交

货期、装运港和目的港、装运通知、分批装运和转船等内容。在我国进出口货物，一般采用装运港交货条件，货物装运的时间，就是卖方交货的时间，故装运期和交货期在时间概念上是一致的。因此，在实际业务中，货物的装运时间即装运期，在 FOB.、CIF. 和 C&F. 以装运港为交货地点的价格术语下，就是指卖方的交货时间，卖方必须将货物装上船。如果在按目的港船上交货条件下，装运期和交货期被截然分开，它们是含义完全不同的两个概念。为此，在谈判合同中，必须对装运港和目的港做出明确、合理的规定。

6. 支付工具和支付方式条款　贷款收付一般是通过货币和以货币表示的各种单据(如汇票、支票和本票)来实现的。在选用付款形式时，既要考虑买卖方的信誉，又要考虑所使用货币的稳定性和可兑换性。在大宗农产品贸易的结算中，汇票是使用最广的支付工具。货款的支付方式，我国常用汇付(有信汇、电汇、票汇三种办法)，在对外贸易中还有托收(或称跟单托收)和信用证。此外，应用较多的还有分期付款和延期付款等支付方式。

7. 商品检验条款　对进出口商品检验主要是指对商品的品质、数量、包装等实行检验和公正鉴定，以确定其是否与商品买卖合同有关标准规定相一致，并出具证明作为买卖双方交接货物、支付货款和处理索赔的依据。商品检验的条款主要包括：买方的复验权、检验时间、检验地点、检验证书、检验机构等内容。

8. 不可抗力条款、索赔条款和仲裁条款等　不可抗力是指在合同签订以后，不是由于任何一方当事人的过失，而是发生了当事人所不能预见，也无法事先采取预防措施的意外事故，如由“自然力量”引起的火灾、水灾、暴风雨、地震和由“社会力量”引起的战争、罢工、政府禁令等，以至不能履行或不能如期履行合同。对不可抗力的后果，可以由双方当事人在合同中加以具体规定，在哪些情况下可以解除合同，在哪些情况下只能暂时中止合同。

如果不是由于不可抗力引起的违约损失，违约方就要赔偿。

受损失的一方向违约的一方提出赔偿的要求，称为索赔；违约的一方处理对方的索赔要求，称为理赔。合同中的索赔条款有两种规定方式：一种是异议和索赔条款。此条款除了明确规定一方如违反合同另一方有权提出索赔之外，主要还包括索赔的依据、索赔的期限、赔偿损失的办法和金额等项内容。另一种是罚金条款。即违约方应向对方支付一定数额的约定罚金，以补偿对方的损失。罚金金额的大小，视延误时间的长短而定，并规定出最高的罚款金额。

买卖双方发生争议时，处理争议的方式有：友好协商、调解、仲裁和诉讼等。仲裁，是指经买卖双方达成协议，在双方发生争议时，如通过协商、调解不能解决，自愿将有关争议提交给双方所同意的第三者进行裁决。合同中的仲裁条款，是属于双方当事人在争议发生之前所达成的仲裁协议，而不是争议发生之后。合同中的仲裁条款包括：仲裁地点、仲裁机构、仲裁程序、仲裁费用和仲裁效力等内容。

（三）谈判的策略

农村经济人进行的商务谈判过程可以划分为不同的阶段。比如开局阶段、磋商阶段、结束阶段。在不同的商务谈判阶段，谈判人员总会选择一些略带明显的主导性的策略，制定不同的谈判策略。当然，由于商务谈判涉及的问题复杂多变，在谈判过程中，谈判人员往往把多种策略同时综合运用。在这里，我们依据开局阶段、磋商阶段和结束阶段的划分，介绍（或重复）一些谈判进程的应对策略。需要说明的是，在现实的谈判过程中，相同的策略可以运用在不同的阶段，需要谈判人员灵活运用。

1. 开局阶段策略　谈判开局是商务谈判过程的起点。开局的好坏在很大程度上决定着整个谈判进一步发展的状况与前途，谈判人员应给予充分的、高度的重视。

任何谈判都是在一定的氛围中进行的。谈判人员的首要任务就是积极创造和谐的谈判气氛，其次是运用自然的话题转入实质性的谈判阶段上，最后是向对方陈述自己的观点、立场，同时注意观察和推测对方的意图。

开局阶段策略的选择需要考虑多方面的因素。首先，应考虑谈判双方的关系。如果彼此过去有往来，关系较好，那么，这种友好关系应该作为双方谈判的基础。在这种情况下，开局阶段的气氛应该是友好的、热烈的、真诚的、轻松愉快的。开局内容的选择可以回顾过去的友好交往。寒暄之后转入谈判正题。如果没有交往，或曾经有交往没有成功业绩，也需要根据具体情况创造良好的谈判氛围。其次，考虑双方谈判人员个人之间的关系。谈判虽然多为群体行为，但它需要通过个体之间的相互交流来进行。如果双方人员有交往接触，并结下友谊，可以选择在开局阶段畅谈友谊。一旦彼此建立和发展了私人感情，那么，提出要求、做出让步、达成协议就不是一件太困难的事。再次，考虑双方的谈判实力。实力不同，可以考虑不同的策略，本章的后面将做专门介绍。

开局阶段常见的策略举例如下。

(1)留有余地策略　这种策略实际上是“留一手”的做法。它要求谈判人员对所要陈述的内容应留有余地，以备讨价还价之用。从表面来看，这种策略与开诚布公相抵触，但也并非是绝对的。两者的目标是一致的，都是为了达成协议，只是实现目的途径不同而已。不可忽视的是，留有余地的策略如何运用要因对手而异。

(2)开局陈述策略　在任何商务谈判中，开始的陈述都非常重要，它往往决定谈判的整个基调。开局陈述主要包括向对方叙说自己的观点和立场。它要求陈述的内容应言简意赅、诚挚友好。因为诚挚的陈述开局一般会得到良好的反应，言简意赅的陈述容易让对方把握要领，尽快切入主题，避免在枝节问题上纠缠。在听清对方基本观点后，另一方就可以谈自己的观点了。在发言中应保持其意图原貌，不受对方发言的影响。

对于开局陈述，有两种不同的看法：

一种看法认为，应抓住机会抢先发言，以争取谈判中的主动，并为未来谈判定方向。抢先发言有很多优点。抢先发言可占先入为主之利，宣扬自己的观点和论据，并对谈判过程进行必要的暗示，还可以对对方的目标进行影响，告诉对方我方已摸清“敌”情。此外，抢先发言在心理上占有优势。

另一种看法是，谈判开始应保持沉默，迫使对方先发言。沉默是谈判中的一个重要技巧。从国际商务谈判的实践看，大部分美国人较难对付这种技巧，美国人难于忍受沉默寡言，在死一般的沉静之中，他们会不安、忙乱，最后开始唠叨起来，这种策略主要是给对方造成心理压力，使之失去冷静，发言就可能言不由衷，泄露许多对方急于获得的信息，同时还会干扰他们的谈判计划。

开局陈述的时机应根据不同的对手、自己的实力和市场需求情况而定。如果谈判双方都不肯先发言，致使开局出现冷场，在这种情况下，谈判的东道主应有主人的风度，以热情友好的言语先讲话。

(3)察言观色策略　谈判对手的性格、态度、风格以及经验等情况，是借助他的言谈举止来体现的。通过对对方的目光、手势的观察来判断谈判人员的态度和意向，进而确定其他谈判策略。例如，在开局之初谈判对手就瞻前顾后、优柔寡断，显然这是位犹豫型的谈判者。又如，如果对方一开始就从容自若、侃侃而谈，设法调动起对方的谈判兴趣，或是巧妙地谈些中性话题，或是旁敲侧击，想方设法探测对方的实力、谈判人员的兴趣爱好，那么很显然，这肯定是位行家里手。

2. 磋商阶段策略　磋商阶段是商务谈判的实质性阶段，是谈判双方竞智斗脑、比实力的阶段。谈判策略的丰富复杂性在这个阶段体现得最充分。

（1）报价策略　这里所说的报价是指向对方提出自己的所有要求。在谈判中，报价和还价是整个谈判过程的核心和最重要的环节。在报价与还价的关系中，报价又是还价的基础。谈判人员必须遵守一定的原则，比如报价态度要坚定，报价的表述要清楚，对报价不解释、不说明。作为供方讲，报价策略是“喊价要高”，需方的报价策略是“出价要低”。

①“喊价要高”的含义及作用　高报价给己方的要价规定了一个最高标准。报价一经抛出，一般来讲，己方就不能再提出更高的要价了，对方也不会接受比此更高的价格。

高报价的作用：一是为对方提供衡量和评价己方条件的尺度；二是为磋商留有余地。在商务谈判过程的还价阶段，高报价是很有用的交易筹码；三是高报价会获得较多的回报；四是能削弱对方的信心，同时还能乘机摸清双方的实力和立场。

②“出价要低”的含义及作用　与“喊价要高”的道理是相同的，但立场是相反的。商务谈判的实践表明：倘若供方喊价较高，就容易以较高的价格成交；倘若需方出价较低，就易以较低的价格成交。需要指出的是无论是供方还是需方报价不能信口开河，漫天要价，盲目杀价。任何一个报价要能讲出道理，否则会阻碍谈判的顺利进行。

③报价具体策略　在商务谈判中，价格谈判占有突出重要的位置。制定报价策略的基本原则是不仅要考虑按报价所能获得的利益，还要考虑该报价能否被对方接受的可能性。

价值在先，价格随后：谈判报价时应先谈项目的价值，等对方对项目的使用价值有所了解以后，再谈项目价格问题。提出价格问题的最恰当的时间是对方询问价格的时候。因为这说明对方已对所提供的项目发生了兴趣，这时提出价格是水到渠成，可以减少谈判的阻力。

价格分割策略：利用对方的求廉心理，将价格进行分割，它包括用较小单位的价格报价和用较小单位的价格进行比较。

价格比较策略：一是将所谈项目的价格与另一种可比项目的价格进行比较，突出相同使用价值的不同价格；二是拿己方所谈项目的各种附加服务与其他可比项目进行比较，突出相同的价格的不同使用价值。

价格差异策略：同类、同质产品因它的流向、客户需求急缓程度、购买数量、购买时间、付款方式不同会形成不同的购销价格。一般地说，对于老客户或大批量需求的客户，价格可适当打折扣，以建立稳定的需求。对于新的谈判对手，有时为了扩大市场面或挖掘潜在需求，亦可给予适当优惠。

(2)还价策略　这里的还价泛指谈判双方针对对方的报价和策略而使用的反提议和相应对策。还价策略很多，举例如下。

①摸清价格虚实的策略　在还价阶段弄清对方报价的虚实，是谈判人员在还价过程中首先要解决的问题。

摸清对方报价虚实需要遵循一些基本的原则，包括：不要将任何事情视为理所当然，对报价内容都要进行调查；对缺少报价依据的提议要持怀疑态度；在询问调查中应主、次分明，认清关键问题，不要被对方所迷惑。

在谈判一方拒绝提供与报价相关的资料的情况下，应采取摸清报价真相的策略。具体做法如下：强调按谈判的议事日程办事，在第一个程序未完之前，阻止进入下个程序；运用竞争的力量挤出真相；称赞对方的信誉和经营思想，以此迫使对方为我方的询问调查提供方便；动用国家的法律、政策向对方施加压力，了解真相；在没了解真相前延期成交。如果无法了解真相，谈判只好告吹。

②投石问路策略　投石问路策略用在还价中，常常是借助“假如……那么……”或者“如果……那么……”的问话来实现的。这样的问话在谈判中往往很有效用。例如，“假如我与你签订长期合同，那么你怎样让步呢？假如我方让你在淡季或产品的衰退期接

下订单，那么你会怎样？假如我方向你提供技术咨询，那么你会给我方什么优惠？”对这些问题的回答，对方往往会暴露他的底数或留下口实。

如何对付“投石问路”策略呢？有经验的谈判者在接到对方“假如……那么……”的问话时，总是仔细考虑后再给予答复。通常的做法是：不对“假如……那么……”的要求马上估价；要求对方以承诺一些提议作为条件，才给予回答；反问对方是否马上签订合同；转移对方的注意力；用“我们都可以考虑一下”的回答拖延时间，以便充分考虑再做回答。谈判的实践表明，有效地运用“假如……那么……”问话和应对这种问话的方式，可以使谈判双方达成公平协议。

③吹毛求疵策略　在谈判的还价中，谈判一方为了实现自己的利益，专门对对方的提议或产品再三挑剔，提出一堆问题和要求，迫使对方在他身上先做一笔时间和精力的投资，最终争取到讨价还价的机会。如何对付“吹毛求疵”的策略？通常的做法是：必须沉住气，因为对方的挑剔和要求，有的是真的，有的是虚的；遇到了真实的问题，要能直攻腹地，开门见山地和对方私下商谈；要学会运用大事化小，小事化了的技巧；对于无谓的挑剔或无理的要求要给予理智的回击；己方也可以提出某些问题来加强自己的议价力量。

④不开先例策略　当需方所提的要求使供方感到为难，供方可以运用这一策略来对付。不开先例策略的内容是，供方主谈人向需方解释清楚，如果答应了需方的要求，对供方来说就等于开了一个先例，这样就会迫使供方今后对其他客户也提供同样的优惠，这是供方所负担不起的。谈判的实践表明，这种不开先例的策略，对于供方来说，是一个可用来搪塞和应付需方所提的不可接受要求的简便办法。

⑤最后通牒策略　当一方在谈判中处于有利地位，而双方的

谈判又因某些问题纠缠不休时，一方可运用最后通牒策略。运用最后通牒策略必须慎重，因为它容易引起对方的敌意。人们运用最后通牒策略，总希望能够成功，那么具备什么条件才会使最后通牒成功呢？

第一，送给对方的最后通牒的方式、时间要恰当。

第二，送给对方的最后通牒的言词不要太锋利。立场太“硬”的最后通牒容易伤害对方的自尊。

第三，送给对方最后通牒的根据要强硬。

第四，如果能替自己的立场提出什么文件或道理来支持，那就是最聪明的最后通牒了。

第五，送给对方的最后通牒的内容要有弹性。

第六，最后通牒不要将对方逼上梁山，别无他路可走。应该设法让对方在己方最后通牒中选择出路。

⑥积少成多策略　这种策略是指在向对方索取东西时一次取一点，最后聚沙成塔。这一策略抓住了人们对“一点”不在乎的心理，所以在还价中很奏效。利用这一策略时，不要引起对方的注意。此外，运用这一策略的主谈人应具有小利也是利的思想。纵使是对方小的让步，也值得去争取。

(3)休会策略　这是谈判中用得较多的策略。它是在谈判过程进行到一定阶段或遇到某种障碍时，谈判双方或一方提出休会，暂停几分钟，以利于谈判双方有机会恢复体力和调整对策，以推动谈判的顺利进行。

通常在以下几种情况时适合采用休会策略：①在谈判即将出现僵局时。此时休会便于双方冷静思考，客观地分析形势，及时地调整对策；②在谈判出现低潮时；③在谈判一方有不满情绪时；④在谈判的某一阶段接近尾声时；⑤在疑窦难开时。

(4)开放策略　开放策略要求谈判人员在涉外谈判过程中，应坚持开诚布公的态度，向对方坦露自己的真实思想，以促使对方通力合作，使谈判双方在诚恳、坦率的气氛中有效地完成各自的使命。开放策略的取舍要看对方的诚意，一般在探测阶段将结束时可采用。因此时对方的策略、目的、风度、风格等已初露端倪了。开放的程度要适当掌握，不能全部开放。

3. 结束阶段策略 经过讨价还价的反复磋商，克服了一个又一个的障碍和分歧，谈判双方都会程度不同地向对方发出签约意愿的信号。在这一阶段促成签约的策略主要有：

(1)期限策略 这一策略买卖双方都可以采用。供方利用期限的力量促成签约的方法有：向需方指出"存货不多，欲购从速"；向需方解释，"我们只剩下这么多货了，新的产品要过××时间才能生产出来"；向需方示意其他用户已等得不耐烦了；"这个优惠价的截止日期是××"；"如果你现在还不与我们签订合同，我们就无法按你规定的期限交工"；"只有立刻订货，才能保证季节前到货"；告诉对方由于受某些因素的影响，若不尽快签约，以后难免遭受损失等。

需方利用期限的力量促成签约的方法有："假如对方的某项条件不肯让步，我们只好另找门路了"；"我方来电催促，要求××天以内必须到货，否则就不买了"；"我们不接受××日期的订单"；告诉对方这时成交效果最好。

(2)优惠策略 向对方提供某种特殊的优待作为尽快签订合同的鼓励。例如，打折扣、附送零配件、提前送货、允许试用等方法。

(3)行动策略 假设主要问题已基本谈妥，谈判双方都可采用大胆行动，促成签约。如果是需方，可以拿起笔来草写协议，边写边询问对方喜欢哪一种付款办法；如果是供方，可以边写边询问对方愿意将货物运送到哪个地点或仓库等。

(4)提出细节 谈判一方主动向对方提出协议或合同中的某一具体条款的签约细节问题。例如，验收条款，共同商量验收的时间、地点、方式以及技术要求等。

(5)暗示结束　谈判一方可以给对方一个购货单的号码、明信片等，或者和对方握手祝贺谈判成功，这些做法有助于促成签约。

第四章 农业经营组织管理及相关法律和法规

一、农村经纪人经营组织

(一)农业经营组织模式与管理

1. 什么是农业经营组织 农业经营组织是农业经营活动进行的基础和形式,是农业经营主体对资源配置和交易行为进行选择与协调的结果,也是各主体利用市场实现更大收益的载体。它不同于农业生产组织,后者是为了追求产量最大化。农业经营组织的存在与演变,源于通过对各成员的行为约束和协调所形成的组织行为能以更小成本和更小风险实现目标,即个体行为能改变成组织行为。这是因为个体通过规则或契约结成经营组织,能降低交易风险和交易成本、实现有利的交易条件,并收获规模收益,由此获得超过机会成本的收益。

随着农地资源相对稀缺程度、农副产品市场需求等的变化以及农业技术的进步和政府的推动,引起了农业经营组织供求状态的变化,使农业经营领域出现了多种组织形态(图 4-1),或通过承包权转让,或通过合并扩大生产、经营规模,以提高技术效率,获得规模收益;或通过供销中介、商品契约实现市场联系;或通过要素契约把市场联系内部化,减弱市场风险,提高交易效率;或横向扩张与纵向联系相结合,改善交易条件,提高交易效率与技术效率,获得外在的存量性收益与增量性收益。外在的存量性收益的获得是对已有收益重新分配的结果,增量性收益的获得是由于组织形成后效率提高的结果。

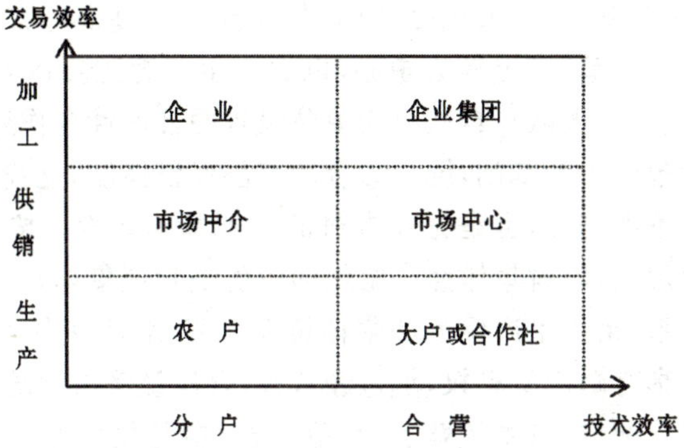

图 4-1 农业经营组织基本类型

资料来源:杨小东．农地承包制下农业经营组织的演进与绩效分析——一个制度经济学的视角[J]. 农业经济问题,2009(8).

农业经营组织是市场经济的产物,农业生产领域的异质性和多样性,决定了分散的农户具有较强烈的合作愿望和倾向。作为弱势群体,农民通过发挥农业经营组织的合作优势,克服农户小规模经营的局限性,从而寻找到增强其竞争力、改善其不利处境的现实组织制度安排。提高农业经营组织化程度,有助于增强农民对资源的控制能力和表达利益的能力,培养、造就具有较高风险抵御能力和市场驾驭能力的新型农民。同时,对于促进农业高效生产、降低农民生产经营成本、拓宽农民增收空间、应用与推广先进技术、实现农业现代化和产业化、增强农村市场经济活力等具有重要作用。

2. 国内农业经营组织模式及管理

(1)农村集体经济组织　农村集体经济组织,即原《农业法》规定的农业集体经济组织,它是指以农民集体所有的土地、农业生产设施和其他公共财产为基础,主要自然村或者行政村为单位建立,从事农业生产经营的经济组织。农村集体经济组织是在原来“三级所有，队为基础”的人民公社体制基础上，经过推行家庭联产承包制一系列改革，以土地为中心，以农业生产为主要内容，以原来生产队(或联队大队)、自然村为单位设置的社区性合作经济组织。以家庭承包经营为基础，统分结合的双层经营体制，是我国农村经济的一项基本制度，也是党在农村的一项基本政策。按照有关法律和政策规定：农村集体经济组织的职能是管理集体资产、协调成员利益关系、组织生产服务和集体资源开发，壮大集体经济实力；组织成员享有财产所有权，承包经营权，合作经济组织统一经营部分的收益分配权，自主经营、自负盈亏权，参与集体经济组织领导班子的选举或被选举权，对集体事务的民主决策、民主管理、民主监督权，享受集体经济组织内部公共文化福利事业利益权利以及国家宪法和法律规定的其他权利。

农村集体经济组织在保障农民家庭经营发展和促进农业发展方面做出了巨大的贡献。但由于传统计划经济的影响，农村集体经济组织具有一定的行政特性：①农民没有选择进入和退出的自由，因为土地是集体所有；②管理缺乏民主，乡镇人民政府对集体经济组织存在较多的干预；③管理水平较低，在带领农民共同致富方面没有起到应有的作用。

从本质上讲，现在的农村集体经济组织不算真正意义上的合作经济组织，关键问题在于现行外部体制导致内部没有民主管理体制，但随着《村民委员会组织法》和新的《村民自治条例》的贯彻和实施，农业集体经济组织的合作性质逐步深化。另外，按照党的有关政策和《农村土地承包法》第十二条的规定，不论农村集体经济组织的组织机构是否健全，上级集体经济组织不得平调下级集体经济组织的土地和其他财产。

(2)*农产品行业协会*　农产品行业协会属于农业中介组织的范畴，是生产、加工、销售农产品的市场主体为了维护和增加共同利益而在自愿基础上组建的不以营利为目的的组织。它是联系农民、农业企业、市场和政府的桥梁和纽带，具有民间性、服务性、准企业性和准政府性的特征。农产品行业协会是协会的一种，在性质上属于社会团体法人，是公益法人。在宗旨上，农产品行业协会的宗旨是通过协调和自律来维护成员利益，协会代表整个行业的利益。另外，农产品行业协会可以接受政府委托，代行一部分管理职能。

(3)农民专业协会　农民专业协会是以种植、养殖产品为纽带，由农民自愿组织起来，生产技术服务部门牵头，以开展技术服务为主，实行产供销的广泛协作，起沟通农民与政府之间的桥梁作用的社会团体。其主要特点：一是行业专业性，即强调行业专业技术的特性；二是民间性，即完全由农民自发自愿组成的民间性社会组织；三是有偿性，就是会员必须缴纳会费，会员之间尽可能实现资源共享，在管理上实行民主决策，利益关系及管理方式均比较松散。

(4)农民专业合作社　传统意义上的农民专业合作社是一种在不改变现有生产方式和生产资料所有制关系的前提下，同类农产品的生产者或经营者为了适应市场需要，以向农户提供某一环节或一体化服务为宗旨，主要在流通领域按合作社原则组织起来的专业性合作经济组织。其突出特征是：成员以农民为主体，以某种生产要素入股，以服务成员为宗旨，实行民主决策，按成员与合作社之间的交易额大小进行分配，专业合作社从盈余中提取公积金等。现代农民专业合作社，则已经不只是强调流通领域的合作，为了提高农产品市场竞争力，在生产领域合作的程度已经大大提高了。《中华人民共和国农民专业合作社法》明确规定，农民专业合作社是在农村家庭承包经营基础上，同类农产品的生产经营者或者同类农业生产经营服务的提供者、利用者，自愿联合、民主管理的互助性组织。

(5)股份合作社 股份合作社是股份制与合作制的结合。由企业、农技推广单位、基层供销社等出资作为股东，再吸收少量的社员股金，并参照股份制的组织治理结构成立的股份合作组织。股份合作社在工商部门登记为企业法人。农村股份合作制是在农村原有合作制基础上，实行劳动者的资本联合，把合作制与股份制结合起来的具有中国特色的农业生产组织制度。农村股份合作制组织中的农民具有双重身份，既是劳动者又是股东，因而既能实现劳动合作与资本合作的有机结合，又能实现劳动集体的共同占有和劳动者的个人占有的有机结合，既能继承合作制优点，实现规模经济，又能融入股份制长处，调动各方面积极性。股份合作制既不完全等同于股份制，也不完全等同于合作制，而是以劳动合作为基础，吸收了股份制的一些做法，使劳动合作与资本合作有机结合。从形式上看，股份合作制由于实行全员入股、合资合劳，同我国解放初期农村和城市中的初级合作社很类似。当时参加合作社的劳动者带着土地和其他生产资料入社，在按劳取酬的同时，还取得以土地和其他生产资料入股的报偿。但从内容上看，股份合作制又不是原来初级合作社的简单重复，而是一种新型合作制。

比较规范的股份合作制企业一般具有如下特征：①企业职工既是出资者又是劳动者，共同出资、共同劳动、共担风险；②企业实行民主管理，最高权力机构是职工股东会，采取一人一票为主的投票决策制，保证职工股东享有平等的表决权；③同股份制一样实行资本保全原则，股东以其出资额为限对企业承担责任，企业以其全部资产对企业债务承担责任，股东不得退股，以保证企业正常的经营运转和对社会承担相应的义务；④企业内部实行按劳分配与按资分配相结合的分配制度，由全体职工共同分享劳动成果，共享税后利润。

3. 国外农业经营组织模式及管理

(1)美国农业经营组织模式 美国农业是典型的现代化资本

主义农业，美国农业生产组织形式以家庭农场为主，合作农场、公司农场为辅，建立在机械化的基础上。在农业方面形成了一个产前、产中、产后各个环节紧密联系的有机体系。在水平一体化方面，主要有四种组织形式：一是农业销售合作社；二是农业生产合作社；三是农业供应合作社；四是农业信贷合作社。在垂直一体化方面主要有三种形式：一是垂直一体化的农业公司；二是大企业或大公司与农场主签订契约式的一体化组织；三是大农场主自己成立组织进行加工、销售。正是由这些不同形式的横向、纵向联合体，促进美国发展成为目前高效率商品化农业。未来美国农业经营组织形式将向跨国农业集团发展，更多参与农产品国际贸易。

（2）日本农业经营组织模式　在资本主义商业极为发达的日本，由于自然条件和土地稀缺等原因，使得小农经济占农村绝对优势，政府政策支持的力度是日本小农经济实现现代化的重要支撑。

日本战后建立起来的农业合作组织相当发达，主要有以下三种类型：第一类是农业协同组织（简称“农协”），农协的事业范围以农村流通领域为主，兼营生活领域和生产领域。通过农协的经营活动，日本农村已基本形成农、工、商一体化。农协组织一般都设立三大经营部门：收购、销售部门，统一采购部门，金融、保险部门。农协的金融机构是农林中央金库。第二类的合作则是农业生产合作组织。第三类是以村落为单位的地区农业集团。

日本农业经营组织主要采取两种模式：一是以工商业资本为主体的垂直一体化经营模式；二是以农协为主体的水平一体化经营模式。垂直一体化经营模式包括两种类型：一种是直营型即由大工商企业通过购买土地，建立大型的养猪场、养鸡场、农产品加工厂和植物工厂，利用农业科技成果进行产业化经营。另一种是委托型，即以一些大工商企业为龙头，通过合同、契约等形式，委托农场或农户进行生产经营。水平一体化经营模式主要是农协，日本的农协分为综合农协和专业农协两种。综合农协是地域性的，专业农协一般是由从事同一专业生产的农户成员组成，它主要从事本专业范围内的服务项目。在日本的农业经营过程中，农协通过有机的组织和广泛的业务活动，同广大农户建立起各种形式的经济与社会联系。

(3)欧洲农业经营组织模式　欧洲农业高度发达，农业产业化水平较高。法国是世界上农业产业化程度最高的国家之一，也是合作经济最发达的国家之一。长期以来，法国农业基本处于家庭经营方式。与前几年相比，土地经营规模呈不断扩大之势。为了适应整个国民经济发展和农业现代化的要求，法国政府采取财政补贴、优惠贷款、减免税收等促使小规模家庭农庄放弃土地，大农场通过收购扩大土地规模，实现土地相对集中。与家庭式农庄经营相适应，欧洲农业合作经济得到全面发展，几乎渗透到欧洲的经济生活的每个角落。主要承担农村流通领域的合作，为家庭农场提供产前、产中、产后系列化服务。以德国、荷兰、法国为代表，这些国家的农村合作社以专业合作社为主，其特点是专业性强，大多是根据某一产品或某一项农业功能或任务成立一种合作社，如牛奶合作社、小麦合作社，收割合作社、销售合作社等。合作社一般规模比较大，本身就是经济实体。为了形成规模优势，已涉及农业产、供、销、信贷、保险和社会服务等各个环节，形成了比较完整的合作社体系。与此同时，由于欧洲的合作社除了由农户提交股金，有的还吸收一部分政府的财政补贴，因此，合作社与政府的关系比较密切，农业合作社成为连接农民与市场和政府的纽带，政府对农村合作经济组织的多方面的政策扶持，有力地推动了农村合作经济组织的不断创新与发展。但是，由于合作组织的外部环境已发生巨大变化，尤其是各国农业政策与欧盟农业政策的实施和调整，已从根本上动摇了经典合作的基础。农村合作经济组织总的发展变化趋势是：大型化（合并）、企业化（公司化）、广域化及国际化。

（二）农村经纪人组织的类型与管理

农村经纪人是新型农民的典型代表，他们一手牵着农民的生产，一手牵着市场的需求，是连结农业生产和市场流通的桥梁，是实现农业市场化的带头人，是农村现代化建设的生力军。农村经纪人为农副产品流通、调整产业结构、加速农业产业化进程做出了积极的贡献。农村经纪人的经纪组织形式、经纪业务方式呈现多样化的特点，并逐步形成了“市场＋经纪人＋农户”、“市场＋经纪企业＋农户”、“市场＋行业协会（合作社）＋农户”几种基本模式。经营形式从单一的农产品购销发展到购销、储藏、加工、运输“一条龙”服务；从简单的贩运逐步向批量销售、期货交易和联合销售转变；营销手段也从肩挑手提发展到传真、电子商务、专用运输工具等现代化方式。

1. 个体经营　个人型农村中介组织是现有农村经纪人组织的一个特殊组成部分。虽然其成员只是个人，服务能力和水平有限，但他们都为推进农业产业化经营做出了一定贡献，是农村中介市场的有益补充。这种类型农村中介组织大体可划分为农村个体工商户和经纪人两大类。个体工商户是经国家工商、税务部门批准认可，既有一定的注册资金、又有明确的服务范围，还有从业执照的合法经营者。他们遵循市场法则，坚持“自主经营、自负盈亏”的经营思路发展，实际上走的是独资型企业化经营道路。农村经纪人是沟通农户与市场之间信息，实现农副产品和农业生产资料的“买”、“卖”，以提供信息和商品流通服务为主的农村市场中介媒体。他们有的自己不直接投资，通过其掌握的信息资源，促成“买”与“卖”完成，收取一定报酬，稳赚不赔，不承担风险；有的自己投资，先收购后出售，获取商品的季节和地域价差利润，自负盈亏，承担一定的市场风险。他们有的专门提供这种信息和流通服务，有的农忙时耕作，农闲时从事服务。不管其经营方式和手段如何，他们都为沟通农户和市场关系、为促进农业产业化经营做出了贡献。

2. 松散型合作经营 随着农村劳动力的转移，农业就业人口的相对数与绝对数减少，增大了农户土地经营的规模，提高了农副产品的商品率，由此加重了农户对市场的依赖，增加了农户对经营组织的预期收益，强化了农户对经营组织的需求，使得生产同类产品的就近的农户逐步走向联合，形成了以附近社区农户为基础的松散型合作经营组织。这种组织以一个农村经纪人带头，其他经纪人分工协作，撮合交易或组织收购，并从交易中获得一定的经济收益。随着合作经营组织规模的扩大，其功能也多样化，不仅给农户提供产后服务，还提供产前、产中的农资、技术、资金服务，产后服务除实现销售并获得有利的交易条件外，还延伸至储运、包装、营销与加工，此时合作经营组织带给农户的不仅是交易收益，还包括流通性、生产性的加工收益，但合作经营组织资金来源不稳定且数量有限的缺陷也凸显出来。为了克服这个缺陷，合作经营组织的产权结构进行了相应的改善：会员不能自由退社，但其权利可转让、可增值。有些演变为股份合作制或公司制组织形式。

3. 农村经纪人协会 经纪人协会有一定的规章制度，有理事会等组织机构，抵御市场风险的能力比较强，组织交易的农产品规模和金额较大。协会在工商部门的指导下开展行业自律，通过加强培训、宣传和行业规范，树立诚信经营，促进协会健康发展。

协会主要可分为两种类型：①技术服务型，负责新品种引进，实用技术培训，加速农业和农村的高科技步伐，一般不负责产品的销售服务。②市场开拓型，又称订单农业型，其特点是协会向外跑市场签订单，统一引进良种，统一育苗，统一技术要求，统一技术培训，与会员和农户签订单合同，由协会统一销售，所以市场风险小，丰收有保证。

经纪人协会要按照“市场引导，政府支持，自愿加入，突出特色，发挥优势，规范管理”的原则，积极引导农村经纪人加入经纪人协会。农村经纪人协会要以执业资格的考核和授予为平台,完善经纪执业准则、执业规范和奖惩办法,促进农村经纪人队伍向组织化、规范化的方向发展。指导农村经纪人协会建立健全内外信息交流机制,帮助农村经纪人立足本地区农业生产经营特点,拓宽市场视野,及时捕捉信息,实现跨地区、跨行业、跨所有制经纪活动。

4. 农村经纪人公司 以公司形式出现的农村经纪人合法组织,有法人代表,有明确的产权关系,因此运行效率很高,市场开拓和抵御风险的能力很强,信息资源的综合利用水平较高,是未来农村经纪人发展的必然方向。其主要特点是:农村经纪人公司(龙头企业)跟农户建立协议关系,由公司为农户提供种子、生产资料、技术以及产前、产中、产后一条龙服务,农户负责对农作物种养,最后由公司收购产品。这既解决了农户的生产风险和市场风险,保证了农民的收入,又解决了公司的原材料供应与产品的收购问题。

“公司(龙头企业)+农户”是近年来发展最快的组织形式,对于解决地方农业发展和农民增收等发挥了重要作用。如图 4-2 所示,龙头企业与农户的利益联结机制可以分为三种,即市场随机交易型、合同契约为纽带的半紧密型及紧密型。

建立合理的利益联结机制是农业产业化经营的本质要求,也是企业与农户实现“双赢”的基础。目前,我国的“农村经纪人公司+农户”模式并没有成为紧密的利益共同体,大多数为半松散型的联结机制。具体而言,当市场价格高于双方在契约中事先规定的价格时,农户存在着把农副产品转售给市场的强烈动机;反之,在市场价格低于契约价格时,龙头企业则更倾向于违约而从市场上进行收购。最重要的是,在这一组织框架下,没有办法制约这类机会主义行为:若是公司违约,单个农户起诉公司的成本太大,而收益过小,因此只能对公司的违约忍气吞声;若农户违约,公司起

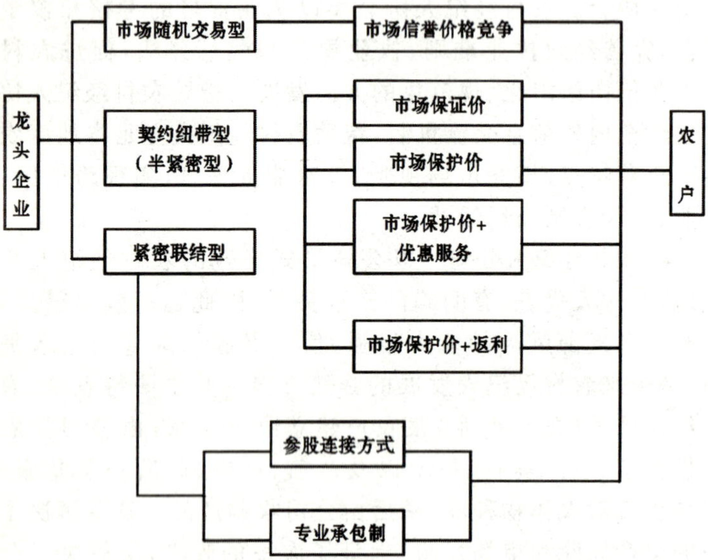

图 4-2 我国农业龙头企业与农户利益机制形成图

资料来源：李远东．我国农业生产经营组织形式变革的实现途径探析[J]．经济经纬，2009(5)．

诉的收益是分散农户的赔偿，相对成本来说收益过小，因此公司对农户违约也无能为力，契约对双方的软约束使得“公司＋农户”这种组织形式极其不稳定。

5．农民合作经济组织（农村经纪人合作社） 农民合作经济组织除具有农村经纪人协会的功能外，还组织会员进行生产培训，使会员掌握相应的生产知识，通过促进产品流通使会员增收。合作社传统上就是一种群众自动性的非营利组织化，它有“民办、民管、民受益”的特点，有明确的群众性、互利性、自助性，它内部实行“一人一票”的民主管理制度，运营机制上，为社员提供资金、技术、信息、销售等服务，通过合作社的运营，减少交易环节，节省交易成本，为其成员谋取经济利益，赢得公平竞争机会。合作社的所有者同时也是合作社的主顾，合作社通过盈余返还，形成合作社成员互惠互利机制，让成员合理分享加工增值和交易利益。合作社的这些优势，使得它成为发展农业产业化中组织农民进入市场的最佳组织载体。通过合作社组织，上连千家万户，下连市场，实现生产的专业化、规模化、一体化，实现分散经营的农户与统一的市场的对接，成为联结市场与农户、公司与农户的桥梁和纽带，并作为农民的利益共同体，对外展开竞争，成为一种制衡力量，从而在农产品的生产加工和销售之间建立合理的利润分配机制，使农民合理利益得以保证，农业产业化能持续发展。因此，农村经纪人合作社在组织农民、增强竞争力、合理分配交易利润方面发挥着不可替代的作用，是领导农民进入市场的主要组织载体。

6. 股份合作组织＋基地＋农户　这种组织模式，是农村经纪人发展的高级模式，需要经纪人具有比较高的素质和管理水平。

【案　例】

农村经纪人带动养殖业规模化发展

韩玉状是青岛众帮兔业专业合作社理事长，胶南市大场镇坊上村的党支部书记，一名优秀的农村经纪人。2006 年，韩玉状自筹资金，学习养殖技术，进原料、盖大棚、买设备、购种兔，建立规范化肉兔养殖区，培育出了有市场竞争力的商品兔，取得了良好的经济效益。2007 年 8 月他牵头成立“青岛众帮兔业专业合作社”，免费向村民提供技术服务，供应优良种兔，对商品兔统一回收、运输、加工，形成了生产、加工、销售一条龙的肉兔养殖业。此后，他从农村信用合作社贷款 40 多万元，解决会员资金难题；到临沂、日照、莱芜等地联系厂家，选购质优价廉的饲料，节约会员养殖成本；力促合作社与青岛康大兔业发展有限公司合作，形成“公司＋基地＋农户”的发展模式，扩大产品销路，成功使肉兔产品出口欧盟，降低会员养殖风险，稳定会员养殖收入；还与青岛农业大学、青岛康大兔业发展有限公司联合建立科研实践基地，加强校、社、企三方合作。2009 年该合作社荣获“山东省十佳农民专业合作社”称号，2010 年韩玉状获得“山东省优秀农村经纪人”的殊荣。青岛众帮兔业专业合作社，已成长为一家专业技术水平较高的农民专业合作社，拥有专业技术人员 10 名，其中 3 人具有高级职称，7 人具有中级职称，发展社员 1 500 多名，辐射带动全市 5 个乡镇发展肉兔养殖业，每年可为该村增加 80 万元肉兔养殖收入。

（案例来源：周胜新．养兔踏上致富路——记山东省优秀农村经纪人韩玉状．中国工商报，2011-09-02）

二、农业经营组织的相关法律、条例

（一）农业经营组织管理的法律法规

1.《中华人民共和国农业法》（2002 年修订）　《中华人民共和国农业法》（以下简称《农业法》）是 1993 年 7 月 2 日第八届全国人民代表大会常务委员会第二次会议正式通过的，2002 年 12 月 28 日第九届全国人民代表大会常务委员会第三十一次会议修订，新修订的《农业法》于 2003 年 3 月 1 日正式施行。农业法属于基本法，可以说是农业方面的“宪法”。

《农业法》中与农业经营组织相关的法律条款有：

第十条，国家实行农村土地承包经营制度，依法保障农村土地承包关系的长期稳定，保护农民对承包土地的使用权。

第十一条,国家鼓励农民在家庭承包经营的基础上自愿组成各类专业合作经济组织。农民专业合作经济组织应当坚持为成员服务的宗旨,按照加入自愿、退出自由、民主管理、盈余返还的原则,依法在其章程规定的范围内开展农业生产经营和服务活动。农民专业合作组织可以有多种形式,依法成立、依法登记。任何组织和个人不得侵犯农民专业合作经济组织的财产和经营自主权。

第十二条,农民和农业生产经营组织可以自愿按照民主管理、按劳分配和按股分红相结合的原则,以资金、技术、实物等入股,依法兴办各类企业。

第十三条,国家采取措施发展多种形式的农业产业化经营,鼓励和支持农民和农业生产经营组织发展生产、加工、销售一体化经营。

第十四条,农民和农业生产经营组织可以按照法律、行政法规成立各种农产品行业协会,为成员提供生产、营销、信息、技术、培训等服务,发挥协调和自律作用,提出农产品贸易救济措施的申请,维护成员和行业的利益。

第六十七条,任何机关或者单位向农民或者农业生产经营组织收取行政、事业性费用必须依据法律、法规的规定。收费的项目、范围和标准应当公布。没有法律、法规依据的收费,农民和农业生产经营组织有权拒绝任何机关或者单位对农民或者农业生产经营组织进行罚款处罚,必须依据法律、法规、规章的规定。没有法律、法规、规章依据的罚款,农民和农业生产经营组织有权拒绝。任何机关或者单位不得以任何方式向农民或者农业生产经营组织进行摊派。除法律、法规另有规定外,任何机关或者单位以任何方式要求农民或者农业生产经营组织提供人力、财力、物力的,属于摊派。农民和农业生产经营组织有权拒绝任何方式的摊派。

【案 例】

下广村村民委员会诉讼湾坞乡人民政府侵犯其滩涂所有权、经营权及赔偿损失案

原告:福安市湾坞乡下广村村民委员会。法定代表人:陈树海,主任。被告:福建省福安市湾坞乡人民政府。法定代表人:马映辉,乡长。诉争的滩涂坐落在下广村吴虾塘,长200米左右,东至下广村水田,西至海,南至鬼岐湾水利排洪闸,北至港仔。1990年前该滩涂系属荒滩,未经开发。1990年8月,下广村村民开发利用此滩涂种蛏成功。1991年至1993年,下广村村委会将此滩涂发包给他人种蛏。1995年2月,下广村村委会组织村民在滩涂上种蛏苗。1995年5月13日,湾坞乡人民政府向福安市人民政府要求,将湾坞乡辖区内的滩涂使用权下放给湾坞乡人民政府管理。1995年5月29日,福安市政府197号文件批复:同意湾坞乡政府统一使用该乡行政区域内的滩涂,时间从1995年1月1日至2000年12月31日,由福安市政府土地部门和水产部门分别发给临时国有土地使用权证和养殖使用证。但湾坞乡政府至今尚未取得临时国有土地使用权证和养殖使用证。1995年6月16日,湾坞乡政府以受福安市政府委托管理使用该滩涂为由,利用行政职权,收取下广村村委会蛏款4 000元,归乡政府所有,并将滩涂发包给乡公安派出所、乡武装部等单位经营使用。原告下广村村委会不服,向福安市人民法院提起诉讼。原告认为,诉争的滩涂自古以来是原告所有,有土地证为据。1990年起下广村村民首先开发利用,并成功种蛏。1991年至1993年,以村委会的名义将滩涂发包给个人种蛏,被告湾坞乡政府也无异议。如今,被告将此滩涂发包给其他单位经营使用,严重地侵犯了原告的滩涂所有权、经营使用权,并造成原告经济损失,要求乡政府赔偿40 000元。被告湾

坞乡政府辩称:1995 年间,福安市人民政府安政(95)综 197 号文件将其滩涂授权乡政府统一管理,湾坞乡政府认为,下广村村委会未被乡政府授权,仍强行种蛏,是违法行为,因此 1995 年 6 月被告向原告收取了蛏款 4 000 元,尔后被告湾坞乡政府将诉争的滩涂发包给乡公安派出所、乡武装部经营使用。

福安市人民法院审理认为,被告湾坞乡政府未取得临时国有土地使用证和养殖使用证,因而被告湾坞乡政府至今尚未取得合法的经营使用权,市政府(95)197 号文件的批复,尚未发生法律效力。被告湾坞乡政府将下广村村委会开发利用的滩涂,利用职权发包给其他单位经营使用,侵犯了下广村的经营使用权,被告湾坞乡政府收取下广村村委会 4 000 元蛏款,依据不足,理应退还。原告认为被告侵犯其滩涂所有权,以及要求赔偿 40 000 元损失,证据不足,不予支持。

(案例来源:http://www.110.com/ziliao/article-45053.html)

2.《中华人民共和国农民专业合作社法》 2007 年 7 月 1 日,《中华人民共和国农民专业合作社法》正式实施,标志着我国农民合作社的发展进入了有法可依规范发展的新阶段。

农民专业合作社应当遵循的原则:成员以农民为主体;以服务成员为宗旨,谋求全体成员的共同利益;入社自愿、退社自由;成员地位平等,实行民主管理;盈余主要按照成员与农民专业合作社的交易量(额)比例返还。

农民专业合作社成员享有的权利:参加成员大会,并享有表决权、选举权和被选举权,按照章程规定对本社实行民主管理;利用本社提供的服务和生产经营设施;按照章程规定或者成员大会决议分享盈余;查阅本社的章程、成员名册、成员大会或者成员代表大会记录、理事会决议、监事会决议、财务会计报告和会计账簿;章程规定的其他权利。

农民专业合作社成员承担的义务：执行成员大会、成员代表大会和理事会的决议；按照章程规定向本社出资；按照章程规定与本社进行交易；按照章程规定承担亏损；章程规定的其他义务。

【案 例】

蔡庙镇专业合作社有限公司经验总结

蔡庙镇供销合作社，又称“蔡庙农资专业合作社有限公司”，是我国进入21世纪后，供销社系统自身进行改革发展和新农村建设的一个阶段性成果。该社成立于2005年6月，地处太和县西北的蔡庙镇；该镇3万多人口，隶属12个行政村，5万余亩土地。专业合作社有限公司注册资金30万元，其中，县供销联社参股2万元，固定资产20多万元，流动资金100多万元，仓储面积700多平方米。该社现有股东8名，设董事、监事各一人；原供销社职工刘邦孔为现任执行董事，全面负责合作社的经营管理；吸纳原有供销社职工参与管理，解决乡镇职工就业和经济困难等一系列问题。该社自创建以来，在2年多的时间里，建立庄家医院一所，农资化肥超市一个，农村服务站四个，工业品家电超市一个，联盟小麦面粉厂一个，现已吸收2 000多户周围农民入股，组织了一个跨乡镇的销售网络，发展势头良好。2006年，该社销售各种化肥1 450吨、农药6吨、种子14吨，累计销售额达150多万元，实现利润7.5万元；工业品家电超市等销售额为250万元，实现利润15万元；全年累计销售额400万元，除化肥、工业品按销售额的2%返利8万元之外，全年共实现利润14.5万元。

（案例来源：http://www.sdxm.gov.cn/art/2008/1/29/art_4694_8967.html）

3.《经纪人管理办法》 1995年10月26日，国家工商行政管理局颁布了《经纪人管理办法》，这是我国第一部规范经纪人活动的行政性法规，它确定了我国经纪人管理的基本内容，是各级工商行政管理机关对经纪人进行监督管理的基本法规依据。

1996年12月，在全国工商行政管理局工作会议上明确指出1997年要进一步加强经纪人中介机构的管理，全面清理检查经纪人、中介机构。

1997年3月17日，国家工商行政管理局又下发了《关于对经纪人进行清理检查的通知》，在全国部署了对经纪人的清理检查工作。

2004年国家工商管理总局颁发了新的经纪人管理办法，进一步完善了对经纪人管理的内容。

2006年为贯彻落实中共中央、国务院《关于推进社会主义新农村建设的若干意见》，切实推动解决“三农”问题，国家工商总局依据有关法律法规及《经纪人管理办法》，就大力培育和规范发展农村经纪人提出七条意见：①充分认识农村经纪人在建设社会主义新农村中的重要作用。②发挥工商行政管理职能作用，大力培育和规范发展农村经纪人。③针对农村经纪人的现状，采取切实可行的培育措施。要对辖区内的农产品生产产量、生产结构、生产特色及农产品流通状况进行认真调查研究，在此基础上重点培育为当地优势农副产品衔接市场需求的经纪人等。④充分运用工商行政管理职能，做好服务工作。有计划地对农村经纪从业人员进行法律法规、合同规范、市场营销、职业道德等方面的培训。制定农业经纪合同示范文本。引导农村经纪人提高商标意识，开展特色经纪。配合有关部门建立相应的信息服务平台，为农村经纪人建立信息通道。建立农村经纪人跟踪服务制度及分类指导制度。⑤加强监督管理，规范经纪行为，引导农村经纪人健康发展。要积极引导农村经纪人注册登记，建立健全农村经纪执业人员备案及基本情况明示制度，建立健全农村经纪人及执业人员档案，实施信用分类管理，依法查处无照经营的“地下”农村经纪活动。⑥支持和指导农村经纪人建立自律机制。⑦加强领导，确保农村经纪人培育和规范发展工作落到实处。

2008 年 4 月国家工商总局下发了《关于进一步培育发展高素质农村经纪人促进农业发展农民增收的意见》。同时，各省市也出台了旨在促进农村经纪人发展的政策措施。

【案 例】

潍坊规范发展农村经纪人队伍

潍坊拥有各类农村经纪人 2 980 户，经纪执业人员达到 5 000 人。这支队伍走出田埂，争当市场经济“红娘”，成为上连政府、下连农户、前连市场、后连基地的桥梁，成功地走出了“大流通带活新农村”的发展之路。伴随着农业产业化的进一步推进，农村急需形成“大流通”的格局，需要“中间人”将产品与市场进行衔接。面对这种需求，潍坊一批头脑灵活、了解市场、掌握信息的能人开始“浮出水面”。潍坊工商管理部门抓住这一时机，把培养、规范和提高经纪人队伍当做助推农村经济发展的一项举措。为使经纪人队伍健康有序发展，全市各级工商部门成立了经纪人管理所，对经纪人进行监管、培训。基层工商所较好地发挥了贴近农村、熟悉业务、了解情况的优势，建立起“农村经纪人联系户”，设立“农村经纪人专管员”、“农村经纪人台账”等制度，提高了对经纪人队伍管理的针对性。为加强这支管理服务队伍的建设，潍坊先后出台了一系列规章制度，发布了管理办法，明确了这支队伍的发展思路和发展目标。积极搞好经纪职业宣传，通过依法登记管理，让这支队伍的活动更加充满活力，更加合法化、规范化。同时，积极搞好对农村经纪人的培训提高，组织开展“诚信中介”活动，进行中介企业信用体系建设，吸收相关农村协会成为经纪人协会会员，提高了中介机构的社会公信力。为让农村经纪人队伍健康发展，潍坊加大对中介市场的净化力度，定期在全市开展打击无照、无证经纪人专项整治活动，通过开展信用分类管理和区域目标责任制，打击了一批合同欺诈、虚假宣传、不正当竞争等违法违纪行为，有效地保护了广大农民的利益。

（案例来源：http://sr.yuanlin.com/infodetail/5733.htm）

（二）农村经纪人组织应遵守的其他法律法规

1.《中华人民共和国消费者权益保护法》 消费者权益保护法是调整在保护公民消费权益过程中所产生的社会关系的法律规范的总称。一般情况下，消费者权益保护法是指 1993 年 10 月 31 日颁布、1994 年 1 月 1 日起施行的《中华人民共和国消费者权益保护法》。该法的颁布实施，是我国第一次以立法的形式全面确认消费者的权利。此举对保护消费者的权益，规范经营者的行为，维护社会经济秩序，促进社会主义市场经济健康发展具有十分重要的意义。

经营者向消费者提供商品或者服务，应当依照《中华人民共和国产品质量法》和其他有关法律法规的规定履行义务：①经营者和消费者有约定的，应当按照约定履行义务，但双方的约定不得违背法律法规的规定。②经营者应当听取消费者对其提供的商品或者服务的意见，接受消费者的监督。③经营者应当保证其提供的商品或者服务符合保障人身、财产安全的要求。对可能危及人身、财产安全的商品和服务，应当向消费者做出真实的说明和明确的警示，并说明和标明正确使用商品或者接受服务的方法以及防止危害发生的方法。④经营者发现其提供的商品或者服务存在严重缺陷，即使正确使用商品或者接受服务仍然可能对人身、财产安全造成危害的，应当立即向有关行政部门报告和告知消费者，并采取防止危害发生的措施。⑤经营者应当向消费者提供有关商品或者服务的真实信息，不得做引人误解的虚假宣传。经营者对消费者就其提供的商品或者服务的质量和使用方法等问题提出的询问，应当做出真实、明确的答复。⑥商店提供商品应当明码标价。经营者应当标明其真实名称和标记。⑦租赁他人柜台或者场地的经营者，应当标明其真实名称和标记。⑧经营者提供商品或者服务，应当按照国家有关规定或者商业惯例向消费者出具购货凭证或者服务单据；消费者索要购货凭证或者服务单据的，经营者必须出具。⑨经营者应当保证在正常使用商品或者接受服务的情况下其提供的商品或者服务应当具有的质量、性能、用途和有效期限；但消费者在购买该商品或者接受该服务前已经知道其存在瑕疵的除外。⑩经营者以广告、产品说明、实物样品或者其他方式表明商品或者服务的质量状况的，应当保证其提供的商品或者服务的实际质量与表明的质量状况相符。

【案　例】

劣质种子致损失，被判赔偿12万元

江苏省邳州市人民法院审结一起产品责任纠纷案，一审判决被告丰地种业有限公司赔偿原告怀远来各种损失127 009元。法院经审理查明，原告怀远来一直经营农资销售业务。2006年2月18日，原告怀远来因经营之需，与被告丰地种业公司签订了农作物种子购销合同一份，该合同对原告购买被告经销的不同品种的种子数量及价款进行了约定，同时约定因种子质量问题引起的损失，由供方负责。合同签订后，原告怀远来实际购买了被告经销的豫粳六号种子计2 150千克，同时购买了一定数量的其他种子。部分农户从原告处购买豫粳六号水稻种子播种后即发现稻种质量有问题，2006年8月，邳州市八义集镇山后村村民委员会申请邳州市农林局对豫粳六号水稻品种纯度、种子抗病性等进行田间鉴定，邳州市农林局于2006年10月13日出具的鉴定结论为：豫粳六号低于国家种用标准，系劣质种子。此后，原告就赔偿问题分别与豫粳六号的购买人进行了协商，共计赔偿14万余元。后就豫粳六号稻种因质量问题所造成的损失与被告丰地种业公司协商未果而诉至法院。诉讼中，法院根据原告的申请，委托对原告实际购买使用的该批劣质种子所造成的损失进行了鉴定评估，2009年12月2日，邳州市价格认证中心出具了鉴定结论书，鉴定结论为：被告丰地种业有限公司向原告怀远来出售豫粳六号水稻劣质种子，造成原告损失125 009元，原告为此支付鉴定费2 000元。

法院审理后认为，因产品存在缺陷造成人身、他人财产损害的，受害人可以向产品的生产者要求赔偿，也可以向产品的销售者要求赔偿。原告怀远来购买了被告丰地种业公司出卖豫粳六号稻种销售后，给购买和使用该批稻种的许多人造成了严重的经济损失，并已通过协商等方式赔偿了其他人的经济损失，故其作为购买人，因购买使用该劣质种子所造成的经济损失有权向豫粳六号劣质种子的销售者即被告丰地种业公司主张。诉讼中，法院对购买使用豫粳六号劣质种子所造成的损失委托邳州市价格认证中心进行了鉴定评估，鉴定标的的价格为125 009元，故法院对该价款依法予以确认。此损失应当由被告丰地种业公司负全部赔偿责任。

（案例来源：http://www.chinalawedu.com/new/190022/201047ma464918504717401021867 6.shtml）

2.《中华人民共和国合同法》 我国于1999年颁布了《中华人民共和国合同法》（以下简称《合同法》）。合同法是调整平等主体的自然人、法人、其他组织之间设立、变更、终止民事权利义务关系的法律规范的总称。

合同是指平等主体的双方或多方当事人（自然人或法人）关于建立、变更、终止民事法律关系的协议。此类合同是产生债权的一种最为普遍和重要的根据，故又称债权合同。《合同法》所规定的经济合同，属于债权合同的范围。合同有时也泛指一定权利、义务的协议，又称契约。合同是双方的法律行为，即需要两个或两个以上的当事人互为意思表示（意思表示就是将能够发生民事法律效果的意思表现于外部的行为）。双方当事人意思表示须达成协议，即意思表示要一致。合同系以发生、变更、终止民事法律关系为目的。合同是当事人在符合法律规范要求条件下而达成的协议，故应为合法行为。合同一经成立即具有法律效力，在双方当事人之间就发生了权利、义务关系；或者使原有的民事法律关系发生变更或消灭。当事人一方或双方未按合同履行义务，就要按照合同或法律承担违约责任。

【案　例】

原告王院付与被告韩国禄买卖合同纠纷案

原告诉称：2009 年 3 月 4 日，原告、被告双方签订协议，约定被告以每吨 530 元的价格卖给原告红萝卜 100 吨，并约定原告应于 2009 年 3 月 30 日将货物出完。可在 2009 年 3 月 21 日被告答复原告，拒绝协议履行，给原告造成巨大的经济损失。现要求被告赔偿原告经济损失 57 000 元；双倍返还定金 10 000 元。被告辩称：原告、被告双方虽订有购销协议，但双方均没有履行。原告违约在先，私改合同，致合同无法履行，双方订立协议后原告也未实际交付定金，故应驳回原告的诉讼请求。经审理查明：原告、被告于 2009 年 3 月 4 日订立购销协议，约定被告将胡萝卜 100 吨，单价为 530 元/吨卖给原告，原告向被告支付定金 5 000 元，限定买方于 2009 年 3 月 30 日将货物出完。双方不得违约，如卖方违约不卖，卖方赔偿买方定金的 10 倍；如买方违约不买，卖方有权扣除买方所有定金。双方签订协议时，原告交付被告定金 5 000 元，被告出具书面手续。2009 年 3 月 21 日被告表示红萝卜已出卖给他人，拒绝合同的履行，双方发生纠纷。

法院认为：原告、被告签订有定购协议，被告应当按照约定履行自己的义务，被告在履行日前明确表示拒绝履行，所以原告有权解除合同，并要求被告承担相应的违约责任。双方在合同中约定有定金条款，应适用该定金条款，被告虽然否认收到定金，并称该合同已经原告所修改，但庭审中未提供任何证据，故对被告的辩解理由法院不予采信。原告另主张赔偿损失款 57 000 元，虽提供有北京市的价格表，但农产品的销售需要多个环节，需考虑运费、销售、储存等多种因素，需扣除必要的交易成本，故原告要求赔偿 57 000 元缺乏事实依据，法院对此不予支持。

（案例来源：http://www.flssw.com/caipanwenshu/info/7076362/）

3.《中华人民共和国反不正当竞争法》 《中华人民共和国反不正当竞争法》（以下简称《不正当竞争法》）是一部旨在规范社会主义市场经济秩序，倡导公平有序竞争的法律。此法对于保护合法市场参与者的权益和打击不法市场经济行为有着重要意义。

经营者不得采用下列不正当手段从事市场交易，损害竞争对手：①假冒他人的注册商标；②擅自使用知名商品特有的名称、包装、装潢，或者使用与知名商品近似的名称、包装、装潢，造成和他人的知名商品相混淆，使购买者误认为是该知名商品；③擅自使用他人的企业名称或者姓名，引人误认为是他人的商品；④在商品上伪造或者冒用认证标志、名优标志等质量标志，伪造产地，对商品质量做引人误解的虚假表示；⑤不得采用财物或者其他手段进行贿赂以销售或者购买商品，在账外暗中给予对方单位或者个人回扣的，以行贿论处，对方单位或者个人在账外暗中收受回扣的，以受贿论处；⑥销售或者购买商品，可以以明示方式给对方折扣，可以给中间人佣金。经营者给对方折扣、给中间人佣金的，必须如实入账。接受折扣、佣金的经营者必须如实入账。

【案 例】

原告宁夏香山酒业(集团)有限公司与被告宁夏梦庄园酒业有限公司仿冒知名商品特有名称、包装、装潢纠纷一案

原告香山公司诉称,原告设计的"宁夏红"商标自2001年在系列枸杞酒上连续使用,经过大量广泛的宣传,在消费者心中产生了很强的知名度。2003年,"宁夏红"商标分别在日本、韩国、新加坡、澳大利亚、美国、瑞士、英国以及我国台湾地区注册,并于2004年3月3日再次向国家工商行政管理总局商标局申请注册。2002年后,宁夏红枸杞酒销量逐年增长,产品行销国内28个省、直辖市、自治区,先后荣获多项殊荣。但被告梦庄园公司生产、销售的宁夏枸杞酒,仿冒原告宁夏红枸杞酒的名称、包装,误导消费者,损害了原告的合法权益。故请求依照《反不正当竞争法》的规定,确认"宁夏红"商标为驰名商标;判令被告停止使用"宁夏枸杞酒"的名称、通体红色的包装图案;判令被告公开赔礼道歉、赔偿经济损失10万元并承担诉讼费。被告梦庄园公司答辩称:首先,原告"宁夏红"的商标注册申请因含有地名被商标局驳回,因此,"宁夏红"不能成为驰名商标,答辩人也从未使用过"宁夏红"的商标及名称;其次,答辩人自2002年起,使用的是"宁夏风情"、"宁夏贡"、"宁夏人"的商品名,原告向法庭提交的实物证据"宁夏枸杞酒"是答辩人早在2003年就淘汰停止使用的产品;再次,答辩人的"宁夏枸杞酒"使用的是地名和通用名组合,包装装潢是自己独创的,不应当向原告赔偿损失,更不应该道歉。故请求驳回原告的诉讼请求。

法院认为,"宁夏红"文字商标经原告香山公司多年在枸杞酒上连续使用和在各种媒体上进行广泛、持续的广告宣传,已为相关公众所熟知。其产品营销网络遍及国内并销往日、韩等国以及我

国港台地区。宁夏红枸杞酒在全国范围内占有一定市场份额。“宁夏红”商标在全国范围内享有较高的知名度。故本院依照《中华人民共和国商标法》第十四条的规定，认定“宁夏红”文字商标为中国驰名商标，认定宁夏红枸杞酒为知名商品，认定其名称、包装、装潢为知名商品的特有名称、包装和装潢。被告梦庄园公司的宁馨儿牌宁夏枸杞酒使用的包装盒与原告宁夏红枸杞酒的包装盒近似，容易引起一般消费者的误认，构成对知名商品特有包装的仿冒，应当承担民事责任。依照《反不正当竞争法》判决被告梦庄园公司立即停止使用与原告香山公司宁夏红枸杞酒包装盒近似的包装盒；判决被告梦庄园公司赔偿原告香山公司经济损失5万元；对原告香山公司的其他诉讼请求不予支持。

（案例来源：http://www.marketbook.cn/yqtzscqctal/22032862.html）

第五章　农村经纪人开发市场的工具

一、获取市场信息的工具

信息是做出正确决策的前提，也是进行经纪活动的基础，如何获取正确的市场信息对于农村经纪人来说至关重要。本节将对农村经纪人如何获取以及如何高效的处理市场信息做一详细介绍。

（一）农村经纪人的市场信息

信息可以理解成人们能直接感觉到和体会到的一切有意义的东西，是日常生活中的常见现象，是事物表现的一种普遍形式。一切事物都会发出信息，因为信息无时不在、无处不有，比如报纸上的新闻、电视节目、互联网上的消息、黑板报上的内容、各类商业广告、技术资料等都是信息。农村经纪人需要获取的市场信息按照信息的性质可分为两类：自然信息和社会信息。

农村经纪人获取的自然信息是指农村经纪人通过观察自然环境、天气变化以及种植或养殖的农产品品种、品质、生长状况等事实所反映的信息，来作为判断未来市场供需关系、价格走势的依据。

农村经纪人社会信息是指农村经纪人根据所处社会的政治和经济宏观环境对农产品生产与流通的环境的影响程度来作为判断未来市场供需关系、价格走势的依据。具体到某一产品时也被称为该产品的社会经济信息，农产品经济信息可分为粮食产品经济信息，油料产品经济信息，畜牧产品经济信息，水产品经济信息，蔬菜产品经济信息，水果产品经济信息，茶叶产品经济信息，药材产品经济信息，花卉产品经济信息，园艺产品经济信息，纺织产品经济信息(蚕、麻、棉等)，烟叶产品经济信息和特种产品经济信息13种。

按照经营活动的职能划分，农产品的市场信息由以下七个方面组成。

1. 市场环境信息 市场环境信息主要是指国家和政府宏观管理的政策法规；各地区经济发展的基本状况；不同地区人口组成及其经济、消费能力，文化、宗教习俗等各种政治、经济、文化信息。此类信息对市场交易活动的影响深远而持久，是农村经纪人开展经营活动必须了解的宏观和社会背景信息。

2. 市场需求信息 市场需求信息主要包括消费者的消费心理、消费习惯、潜在购买力以及由此而产生的消费结构的发展和变化等，还包括市场中各类相关产品销量、库存及其市场占有率等。此类信息关乎农产品的销售前景，是农村经纪人开展经营活动必须了解的买方的需求信息。

3. 市场供给信息 市场供给信息一方面包括农产品的质量、品种、规格、数量等自然信息，也包括新产品的发展趋势，农产品的包装商标、运输，消费者对产品的评价和认可程度等社会信息。此类信息同样关乎农产品的销售前景，是农村经纪人开展经营活动必须了解的卖方的供给信息，与买方需求信息同样重要。

4. 市场价格信息 市场价格信息主要包括产品的批发价、零售价、优惠价、促销价、比价、差价以及产品定价标准及执行状况等信息。市场价格信息是市场交易行为的晴雨表，它不仅灵敏地反映出产品的供需状况，同时也会影响和调整产品的供求变化，这类信息是农村经纪人取得成功所必须了解的关键性信息之一。

5. 流通渠道信息 流通渠道信息包括商品流通的包装、储存、运输情况；市场分销机构、代理商、中间商、中介机构的服务状况；消费者和客户对代理商、零售商的印象以及新的销售方式等。

流通渠道畅通是保证农产品交易正常进行的重要条件，流通渠道信息会影响市场供应变化，甚至影响农产品价格，这类信息是农村经纪人开展经营活动必须了解的服务信息。

6. 促销信息 促销信息是指报刊、电视、广播、网络提供宣传活动平台的信息。农村经纪人可以利用各种平面及多媒体平台，利用网络、广播、广告、展览会、新闻报道等形式介绍自己的经营活动及产品特色，进而扩大交易影响，拓宽销售渠道，增加产品销量。开展促销活动，是推动交易、推销产品的非常重要的途径和手段，因此促销信息是农村经纪人不可忽视的重要信息。

7. 同行信息 同行信息包括同行经纪人的经营特点、所经营产品优势和缺陷、价格策略、促销手段、市场份额、销售渠道等。同行信息是竞争对手的信息，农村经纪人必须随时了解和掌握竞争对手的相关信息，知己知彼才能不断及时调整自己、扬长避短、独辟蹊径，使自己立于不败之地。

（二）农村经纪人的信息来源及获取途径

经纪人必须眼光敏锐，能够洞察周围的一切事物和获得真实的信息，有意识地收集，并把经济信息用数据、文字、符号全部记载下来，作为经济信息资料。农村经纪人的信息来源及获取途径有如下几种。

1. 实地市场调查

方式一：经纪人要到那些可能存在市场机会的地方去进行实地考察，然后进行综合考察，进行分析，再采取相关的行动。当然，前往全国各地实地考察需要花费很多的时间、财力和精力，一般都是有一定经济实力，想把生意做大做好的农村经纪人比较适合这样去做。

方式二：经纪人要留意身边发生的事情。例如 20 世纪 80 年代，山西的一个农民张某发现当地的猴头山菌逐渐出现积压现象，而猴头山菌的供应又没有问题，于是他开始做起猴头山菌等农产品的中介服务和信息咨询，陆续在全国各个地区设立销售门市部，开设一个加工厂，将猴头山菌加工后销售，取得了不错的利润。

方式三：经纪人要善于从偶然得到的消息中去挖掘市场。偶然得来的消息，大多属于一次性的消息，也就是说，得到的消息只能在当时使用一次，过后就不再有用了。例如山西某村民，得知本省某地区这段时间比较流行过节吃黄桃，而且黄桃的价格也比较高，于是他以高于本地市场销售价格收购大量的黄桃，然后销售到送礼的地区，结果取得了非常好的收益。

2. 通过互联网寻找信息 我国各省、市基本上都建立了信息网络组织，通过网络组织成员之间的相互交流，或者通过提供刊物和联机服务、咨询等得到信息。经纪人可以不加入情报网而委托有关的咨询者去搜索相关的信息，这样获得的信息比较真实可靠，也可以定期交纳一定的费用加入情报网，自己直接在情报网上进行查询。

这种通过互联网寻找信息的方式具有很多优点：一是经纪人从网上获得的最新消息，无论是国内的还是国际上的，都会非常快捷、方便；二是经纪人可以通过网络直接进行交谈，最终达成交易。

目前最具有权威的农业网站是农业部主办的“中国农业信息网”，该网站除了登载农业新闻和政策外，专门设有“信息传播”、“供求热线”、“外经外贸”、“科技推广”等栏目，还与农药、种业、菜篮子、畜牧兽医、花卉、水产、农产品供求、绿色食品等行业网站有链接，与各省的农网、农业信息网有链接。

“中国农民经纪人网”也是一个很好的网站，这个网站上也有“供求信息”、“农产品信息”、“进出口信息”以及各种不同类别的“交易平台”，这上面还有很多与农村经纪人有关的专门的知识介绍。

“金农网”上也有很多值得关注的信息，除此之外，部分较重要的网站见第 121 页，可供大家参考。

【案 例】

博乐市农村经纪人上网卖农货

博乐市在全市开展“经纪活农”工程，培养有知识的农村经纪人。他们运用电话、传真、互联网、电子商务等手段，建立起自己的营销网络。目前已建成一支 300 多人的专业队伍，在全国各地建立了 50 多个销售网点，把本地生产的蔬菜、禽蛋、棉花等农副产品源源不断地销售到全国各地。

“史大哥，我家的 1 000 多只肉鸡月底就可以出售了，麻烦你帮我联系一下买家……”小营盘镇农村经纪人史东每天都会接到这样的电话，他把这些信息记录下来，再通过互联网发布出去。

乌图布拉格镇农村经纪人王向明发现，当地产的冷水鱼在广州等内地大城市的销路看好，便通过互联网向外地发布供求信息，很快就吸引来了广东、香港、山东、四川等地的水产商前来订购。他说：“不管相隔多远，只需鼠标轻轻一点，只要键盘轻轻一敲，什么都能推销。既减少了成本，又提高了效率。”

通过这些农村经纪人的经纪活动，在全市辐射带动 35 个专业村，年增加经济效益 5 000 多万元。

（资料来源：董晔波，邹力峰．http://www.tianshannet.com，2008-08-14）

3. 从报刊上寻找市场信息 经纪人要留心各种出版物及宣传材料。报纸杂志、广播电视、产品样本、图书期刊和各种市政府出版物等大众媒介中含有非常丰富的信息，经纪人既要注意系统地搜索或订阅一些特定的公开出版物，也要随时留意接触到的其他各种资料与文件。

例如山东省李某，2002 年的时候从宣传资料中得知，中国农业大学对各种特色种兔的饲养有专门的研究，兔产品的产量高、市场前景好，于是他主动找到中国农业大学的研究机构，并与之签订合同，学习了相关技术，回到家乡，租用了几十亩地，饲养了几百只各类种兔，很快致富，成为当地出名的“兔子王”。

4. 从电视广播上取得市场消息 许多农民朋友是从广播和电视节目里面了解到有关农产品信息的。农业科技电视讲座和广播讲座节目给农民朋友提供了许多资料和宝贵的信息。

但是，电视和广播里面的内容有很强的时效性，而且信息非常容易流逝，不易被记住。所以广播和电视的内容在播出后，要多次重复播放，才能起到引人关注的效果，而作为农民经纪人，要特别关注与农业方面相关的节目。

5. 到专业资讯公司了解信息 如果经纪人需要得到较为完整准确的信息，可以向信息咨询公司进行咨询。这种公司收取一定服务费用，专门提供信息咨询服务，他们掌握了大量的信息，拥有现代的技术设施，专门从事对外有偿信息服务。

6. 经常注意政府有关部门发布的信息 农村经纪人要充分利用当地政府部门提供的信息，依托有利的政策环境开展经纪活动，政府信息有权威性，是最可靠的信息来源，经常对政府信息进行收集和分析对农村经纪人来说是非常必要的。

7. 信息中介 在经纪行业中，信息中介占有相当的比重，他们有的直接为买卖双方牵线搭桥，成交后收取一定比例的佣金；有的不仅为技术供求双方穿针引线，还根据市场需求提出开发课题，自己组织开发班子；有的则专门通过收集信息，经过加工处理后出售给其他经纪人，从中收取佣金；有的从事科技经营，代为科技生产单位转让科技成果。有实力的经纪人可以与信息中介进行合作，进行一些互利互惠的信息交换或是合作，可以从中获取很多有价值的信息。

8. 积极参加各种“会”　这里所说的“会”，是指农村经纪人研讨会、农产品展销会、农产品生产和销售会、农产品信息发布会等，通过参加这些会议，一方面可以利用机会宣传自己经营的项目，另一方面可以了解整个市场状况，或者借机找到生意伙伴，或者借机建立起情报网，签订合作协议。

2005 年 10 月，江苏省某处经纪人研究会组织举办了一场农村经纪人发展研讨会，研讨会的最初目的是提高农村经纪人水平，为江苏省农村经纪人“充电”，但是实际上这次研讨会开成了经纪人交易会。在会上许多代表纷纷发布本企业和乡镇的招商信息、洽谈合作项目。

9. 问卷调查　即用书面问卷的形式进行调查。问卷调查具有可送达性好，不受地区限制，所要求回答问题可以拟定得非常清楚、准确和详尽，不受记录者偏见与错误影响，答题不受干扰，节省费用等特点。但也有回收率低、时间长、易出错等问题。对问卷进行专业分析之后可以从中获取很多有用的信息。

（三）农村经纪人的信息分析与加工

这里所谓的市场信息分析，不是指对信息所做的初步整理，而是指在充分占有信息资料的基础上，对分散的信息进行综合、分析、比对、推理，进行深层次的加工和分析研究，最终形成有助于解决问题的新信息。信息分析强调对信息内容的综合归纳和深入研究，使其针对性和功能性更强。

需要强调的是，信息分析的结果最好用表格或图形直观表示，因为表格化的特点是直观、清晰、一目了然，图形化的特点是醒目、形象、特点突出。

1. 农产品市场信息采集原则

（1）准确性　准确性原则要求所采集到的信息要真实、可靠。这个原则是市场信息采集工作的最基本要求。准确性越高，市场信息的价值越大。为达到准确性的要求,农村经纪人就必须对采集到的信息反复核实,避免将错误信息用于经纪活动中,带来不必要的损失。农村经纪人采集的信息量越大、越准确,做出决策的准确度越高;相反,如果信息失真,则会给农村经纪人带来损失。有时,因虚假信息误导而做出的错误决策所带来的损失是无法挽回的。

(2)及时性　市场信息的及时性,是指市场信息从发出、传递、接受、加工整理、有效利用全过程的期限。农村经纪人在收集信息时要以迅速、灵敏的方法采集市场信息,以确保采集到有用的信息。

(3)有效性　有效性指的是市场信息的实用性,市场信息不在多,而贵在其有用性。所以,农村经纪人收集的信息要围绕自己所经营的农产品范围来进行。

2. 农产品市场信息采集程序　农产品市场信息的采集程序一般是如下步骤:

(1)明确信息采集的内容与目标　农村经纪人要根据所经营的农产品,确定要采集的信息及其范围,明确信息采集的目标。

(2)确定信息采集的方法　信息采集方法主要有收集第一手资料的专题讨论法、观察法、问询调研法和实验法,收集第二手资料的文案调研法等。

(3)实地采集信息　农村经纪人按照既定的目标、采集范围、采集方法进行信息采集工作,做到采集的信息应具有准确性、及时性与有效性,最大限度地节约信息采集成本。

(4)信息资料的整理　农村经纪人对所采集到的资料先要剔除虚假的、无价值与过时的、片面的信息,然后进行整理、分类、归档,使之条理化、清晰化,便于查找、使用。

(5)信息资料的分析　对经过上面处理的信息资料进行深入的评价,对信息的现状、产生的原因以及可能的趋势进行分析,并做出恰当的市场预测。

(6)写出信息采集报告　通过对市场信息的采集与分析，编写信息采集报告。报告内容包括信息采集的内容、目标、采集方法、问题分析、解决办法与建议等。

3. 判断信息的价值　有价值的信息必须具备及时性、准确性、综合性、获取的简易性、经济性等特性。具体地说，有价值的信息应具备如下条件：①能够及时地以适当的方式提供解决问题所需要的依据；②符合用户需求；③真实，可信赖程度高；④全面完整，具有综合性；⑤容易获取(即不是用特殊的手段或极少数人才能获取)；⑥所需费用与目标吻合；⑦有前瞻性、预见性。

4. 出现信息错误的原因　①缺乏客观性，信息采集过程中掺杂一些主观因素；②取材片面；③对采集的信息理解不足；④调查、分析不充分；⑤不能抓住信息的本质，思考力不足；⑥对信息不明确处主观臆断；⑦凭兴趣评价信息，导致信息的真正价值被曲解。

5. 信息的整理　农村经纪人收集到的信息往往各种各样，要获取有效的信息需要对这些收集到的信息去粗留精，去伪存真。

(1)分类　分类的目的是为了能从已收集到的信息中迅速检索出需要的信息。收集到的信息往往十分庞杂，如果原样堆积，日后就很难一下子找到所需信息。因此，按一定标准将收集到的信息加以分类，使之成为一个有组织的体系，这是有效利用信息的前提。经纪人进行信息归纳分类时，应遵守以下几项原则：

①客户第一原则　经纪人应该按照使用人，即客户第一的原则来进行分类整理。

②综合利用原则　分类的原则不是细分，而是综合分类。对信息分类时，不是从细小处开始，而是按“大—中—小”的顺序进行。

③简单原则　一般人们有个错觉，认为复杂的系统是最高级

的系统，其实往往最好的系统是超越复杂之后的简单。

④并列原则　相关联的信息必须并入相近的类别之中，各类别之间应相互排斥，不能重复或交叉，

(2)筛选

①注意事项　在对信息进行筛选时，应该注意以下几个方面：

一是要明确目标。只有明确目标，知道自己想要什么样的信息，才能把握住方向，筛选出合适的信息。

二是要避免重复的信息。在信息的收集过程中，不同的信息源提供的信息可能会出现重复现象，相同信息源提供的信息也不排除这种情况。因此，在信息的筛选过程中，要把这些重复进行处理，只需保留一个样本。

三是要分清信息的轻重主次。在海量的信息中，有些部分是有少量价值的，有些部分是价值极高的。在信息筛选时，就不能面面俱到，应该先把重要的信息筛选出来，避免“丢了西瓜捡芝麻”。

四是要避免信息遗漏。对信息进行筛选，不是只进行一次性操作，应该经过多重考虑和判断，避免遗漏了重要的信息。尤其是人为地筛选操作，出现错漏误差是在所难免的，经过多次的判断后，就可以降低错误发生的概率。

②筛选方法　对信息进行筛选，不同的信息载体有不同的方法：

一是口头信息。对于采访的口头信息，或者是日常谈话交流的信息，只能靠个人经验和知识去判断筛选，把有用的信息记录下来，加以利用和共享。

二是传统的文献信息。对于传统的纸质载体的文献信息，应该采用人工筛选的办法。人工筛选的办法主观性比较强，在对信息判断时往往是凭借个人的知识积累和经验，因此，需要挑选对信息处理有熟练技能或者有经验的人员来进行。对信息进行人工筛选，是最原始最容易实现的方法。但是，由于人为的因素比较大，

在筛选的过程中，受到筛选人员的知识、经验等因素的制约，出现的误差也会因人而异。

三是网络信息。对于网络上的信息数据，既可以采用人工筛选的办法，也可以利用现代化的信息技术进行自动筛选。借助计算机和人工智能的技术，可以在计算机里建立信息判断标准，然后对信息进行过滤筛选，也可以建立专家库，进行信息的判断。信息的自动筛选，节约了大量的人力物力，但是对信息化的程度要求很高。而且，在筛选过程中，由于只是凭借计算机的固定储存记忆，因而不能对各种信息做出灵活的处理。

6. 信息的分析 在收集的大量信息中，虽然真实的信息是大量的，并占据主导地位，但是，如果一不小心被虚假的信息所误导，很容易判断失误，做出错误的决策和行动。因此，辨别信息的真假是一个非常重要的问题。

(1)*辨别信息真伪的方法* 信息有真有假，有虚有实，那么应该怎么去辨别呢？要辨别区分信息的真伪，从个人的思想意识上说，首先要保持理智和冷静，时刻保持着清醒的头脑。很多人平时听到或看到某些虚假信息时，是不会相信的，甚至还会暗笑别人的愚昧无知，居然会相信这样的事情。但是正所谓“当局者迷，旁观者清”，一旦自己遇上的时候，就很容易在利益的诱惑下，冲昏了头脑，失去常理的判断，从而上当受骗。尤其是刚刚从事农村经纪的人，面对突如其来的“好处”和“甜头”，一定要冷静，不要中别人下怀，被别人牵着鼻子走。

要对信息进行分析，就要考究信息的来源，从而判断其可靠程度。

①*运用常理去判断* 所有的信息是和一定的事实情况、客观道理相联系的。因此，人们可以运用基本科学尝试和通常的道理去分析判断它是否属实。有些信息在客观道理面前是站不住脚的，只要细心一想就不攻自破了。如前面所说的那些网站或者广

告提供的“一夜致富”、“一元创业”这类信息，只要运用常理和科学知识稍加分析判断，就不难判断出它的欺骗性。

②追踪调查　对于网络上发布的信息，或是他人传播的信息，如果不能保证信息的准确性，就不要轻易相信，贸然行动。但是当对信息持有怀疑态度时，并不是说要把这个信息放在一边、置之不理。万一信息是真的，那就错过了机会。对于怀疑信息，正确的对待和分析方法是，及时地跟踪调查信息的来源，从而做出进一步的判断，比如说某报刊或者网络上说有优质产品提供，那就可以先通过电话或者其他方式和货主进行联系，询问货物的各种情况，通过对方回答的各种情况来判断是否属实。如果对方在回答时支支吾吾、前后矛盾，那么就很明显露出破绽，可以判断信息不真了。除此之外，还可以通过联系当地的一些熟人或者权威机构，例如电视台等，来了解情况再做出进一步的判断。

③进行对比分析　信息的真伪可以对单个信息本身进行追踪考察，也可以拿它和其他方面的资料进行对比分析，如果出现矛盾之处，就可以分辨出信息的真假了。举个最简单的例子，A 村的李某和王某听说 B 村的香蕉价格很便宜，考虑过去大量采购。正好陈某刚从 B 村回来，通过询问，发现原来 B 村香蕉价格比自家的还要贵。这样一比较，就出现矛盾了。陈某是刚刚到实地的，他提供的香蕉信息反映了 B 村的实际情况。这样，那个道听途说的“B 村香蕉价格便宜”的信息就不攻自破了。

(2)信息价值的判断　对于如此多而广的信息，人们不仅要辨别其真伪，还要善于判断信息价值，才能选择适合的信息，加以利用。那么又应该如何去分析信息的价值呢？

①必须把握信息的时效性　信息是具有时效性的，也就是说，某些信息只在特定的时间范围内才具有使用价值，过了这个时间，就没有意义了，甚至会产生反作用。在大量的信息当中，有相当部分是过时的信息，如果错把过时的信息当做宝贝，作为参考去指导

当前的活动，就会产生失误，导致挫折和失败。这是在分析信息时必须十分重视的一个问题。比如，前几年的猪肉价格和蔬菜价格比较便宜，如果以这条信息来判断现在的情况，就会认为卖猪肉和蔬菜没有很大的利润，不会十分关注这个行业。但是目前蔬菜和肉的价格已经翻了倍，蔬菜都卖到几元钱一斤了，前后进行对比，情况已经相差很远了。这就是信息的时效性的体现，信息只有及时地利用，在当时特定情况下才能产生价值，对决策有指导作用。因此，在对信息的价值进行分析时，一定要把握好时效性。

②要避免随波逐流　每个时期，市场都会出现一些流行的信息，这些信息在社会上家喻户晓，而且大家都认为有利可图，结果大家一哄而起，跟着一起干，就形成了一股热潮。比如，听说苹果的价格很高，大家就跟着一起种苹果；樱桃的利润大，大家也跟着种樱桃。这种随波逐流的现象时有发生。在流行信息面前，应该采取冷静的态度，科学、全面、客观地分析问题，这样才能打开思路，审时度势，根据具体情况做出判断。

③有独到和超前的眼光　在人们平时看到的、听到的各种各样的信息中，往往有一些信息，是很容易被人忽略的。但是，有人却能够用独到的眼光去挖掘和发现这些信息的价值，加以利用，大有所获。

④要多角度思考信息的价值　同样的信息，有人觉得有用，有人觉得没用，关键是从哪个角度去看。在分析信息时，要从多角度去思考，甚至是用逆向思维去思考，这样就可以从不同的方向去挖掘信息的价值。比如一个生产拖鞋的公司想进军非洲某地市场，于是派一个推销员到非洲某地实地考察，他发现那里的人根本不穿拖鞋，回来之后向老总汇报，那里拖鞋的需求几乎是零，开拓市场的可能性很小。后来公司又派了另一个推销员到了那里，这个推销员也看到相同的情景，但是他却从另外一个角度发现了一个有价值的信息：因为那里的人还没有穿过拖鞋，那里的市场还没有

开拓，所以潜在的需求量非常大。如果给他们灌输穿拖鞋的意识，那里将会是一个很大的市场。结果，后来这家公司根据第二个推销员的调查分析，在那里开拓了市场，销售了大量的拖鞋，获取了不薄的利润。同样的信息，从不同的角度看会有不同的收获。对于各种各样的信息，要善于分析，发现别人没有发现的价值情报。

（四）网络营销常用技术

网络营销因其传播面广泛，成本低廉，越来越受到人们的重视，掌握网络营销手段，以及利用网络收集市场信息，是农村经纪人必备的技术。下面简要介绍一些在收集信息过程中常用的、能带来很多方便的操作。

1. 收藏网页

(1)添加网页到收藏夹　在网上浏览的过程中，用户可以随时将自己喜爱的网址添加到收藏夹中，下面以搜狐网为例，介绍添加的步骤。

鼠标双击 IE 浏览器，在地址栏输入“搜狐网”的网址“www. souhu. com”，回车后登陆该网站。

在浏览器窗口中单击“收藏”菜单，选择“添加到收藏夹”命令，打开“添加到收藏夹”对话框，在“添加收藏夹”对话框中，“名称”文本框中输入“搜狐网”或其他容易记的名字，如需要脱机浏览，可单击“允许脱机使用”复选框。

单击“创建到”按钮，出现对话框，然后选择保存位置，单击“确定”按钮，就可将搜狐网的网址添加到收藏夹中。

(2)使用收藏夹　通过收藏夹访问网站，可以选用下列其中的一个方法进行操作。

方法一：单击菜单栏上的“收藏”选择网址的储存路径，单击所需网页就可打开相应网页。

方法二：单击工具栏的“收藏夹”按钮，在出现的窗口中，单击所需网页就可打开相应网页。

2. 网上信息检索　网上有大量的信息，如何能快速找到，最常用的方法有以下两个。

(1)使用搜索引擎　搜索引擎就是专门帮助用户查询信息的站点，利用这些站点强大的查找功能，可以快速得到需要的信息。由于这些站点提供全面的信息搜索，并且具有较快的查询速度，所以人们习惯上把这些站点称为“搜索引擎”。常用的搜索引擎有：百度、搜狐、雅虎等。以百度为例，查找有关农产品信息的网面，操作方法如下：

第一步，启动IE浏览器，在地址栏内输入“www. baidu. com”。回车，打开“百度”站点。

第二步，在搜索栏内输入要查找的信息内容：农产品信息，选择类别“网页”，单击“百度一下”按钮或回车，就会列出相关的连接。

第三步，在搜索到的内容中单击自己所要的内容，进行浏览。

(2)站内信息检索　目前，国内绝大多数网站都提供了搜索服务，我们可以在站内直接进行搜索，如在“全国农产品供求信息网”上搜索葡萄的求购信息，操作如下：

第一步，登录“中国农产品信息网”http://www. chineseagri. com。

第二步，搜索栏内输入查询关键字：“葡萄”，然后单击“搜索”按钮。

第三步，接着在找到的信息列表中选择信息打开，就可看到详细的农产品信息。

3. 网上信息发布　为有效利用网络这一工具，我们往往需要把自己的经营信息发布在网上，以拓展自己的经营空间。现在许多网站也提供了信息发布这一功能，但大多数需要用户注册成为会员后才可享有更多的服务。一般步骤如下。

(1)注册会员　在网站的首页都会有会员注册的栏目,如注册成为“全国农产品供求信息网”成员的步骤如下:

第一步,登陆“中国农产品信息网”。

第二步,单击会员注册区的“注册”按钮。

第三步,打开“注册信息”对话框,按照提示要求输入个人信息,点击“确定”。

第四步,注册成功后,系统显示注册成功提示。用户需要牢记自己的用户名和密码,以备登陆时使用。

(2)信息发布

第一步,登陆“中国农产品信息网”。

第二步,在会员登录窗口,输入在站点注册的用户和密码,单击“下一步”按钮。

第三步,按照提示输入发布消息,就把信息发到了该网站上。

4. 国内主要农产品信息网站地址

中国农产品信息网:http://www.chineseagri.com

中国农产品供求信息网:http://www.nongpin.com

中国国家农产品加工信息网:http://www.app.gov.cn

中国优质农产品网:http://58.57.53.250/luagrib2b

【案　例】

农产品网络女经纪人成致富带头人

青岛市妇联大力培养农产品女经纪人,不断创新培训模式,强化服务措施,培养1 848名农产品女经纪人,带动20余万名农村妇女增收致富。市妇联开设了巾帼致富远程教育和网上开店培训项目,利用网络学习交流、销售产品是其培养农产品女经纪人的关键;录制了50期以农业新品种、新技术、市场营销、电子商务及应用等为主要内容的培训课程,印发5 000册远程教育培训教材和

7 000 张光盘，各级妇联组织每年组织 11 万人次的妇女通过远程教育接收站(点)学习，开创了低投入、高水平、广覆盖的农产品女经纪人培训新模式；举办了青岛市首届农产品女经纪人提高班，组织 100 名农产品女经纪人参加提升培训；联合青岛广播电视大学举办了 2 期网上开店培训，对 117 名妇女进行了专业培训，帮助她们成功开办网店，其中 4 名女经纪人的网店销售信用等级分别升到了“5 星”和“1 钻”级，开创了全国妇联系统扶持农产品女经纪人网上开店培训的新模式。此外，还层层举办网络交易培训班 260 余期，培训农村妇女 8 000 余名。

为了利用网络获取市场信息，建立营销平台，青岛市妇联整合资源，在全市建立了 4 177 个“巾帼致富上网室”，组建了由 8 354 名妇女骨干和女大学生组成的信息员队伍，指导农村妇女依托网络进行农产品销售；开设了“巾帼科技致富网”，增加了供求热线栏目，并与农经网、财贸网等网络相链接，实现资源共享、优势互补，帮助农产品女经纪人随时销售农产品；开展了“青岛市优秀农产品女经纪人”、“青岛市杰出经济女性”、“青岛市种植业、养殖业和加工业十大女状元”等评选活动，涌现出了养鸡状元冯立英、西瓜大王孙明霞、编织能手张义芝等 324 名影响力大、带动性强的带头致富农产品女经纪人，带领农村妇女发展生产、增收致富。移风店镇的农村妇女姜波，现为青岛地平线蔬菜专业合作社理事长、农产品女经纪人，2011 年 9 月 26 日通过网络成交了一笔 15 吨大葱生意，产品销往德州、大连等地，货款总额 18 000 元，村民收入 10 000 元。利用妇联组织搭建的网络交易平台，成为当地少有的网络农产品女经纪人，今年她在网络上成交蔬菜 5 000 多吨，纯收入达 20 万元。

(案例来源：修江敏．青岛 1 848 名农产品女经纪人成为农村致富带头人。http://market. szncnet. cn，2011-09-27)

二、小型广告策划与传播活动

（一）广告的基本知识

1. 什么是广告 我们通常所说的广告可以简单地理解为是由广告主通过某种形式的媒体，以劝说的方式向目标市场宣传有关产品（或者服务）的优点以及特色，以唤起消费者注意，向消费者促销产品或者服务的一种方式。

广告有广义和狭义之分，广义广告包括非经济广告和经济广告。非经济广告指不以盈利为目的的广告，又称公益广告，如政府行政部门、社会事业单位乃至个人的各种公告、启事、声明等，主要目的是推广。狭义广告仅指经济广告，又称商业广告，是指以盈利为目的的广告，通常是商品生产者、经营者和消费者之间沟通信息的重要手段，或企业占领市场、推销产品、提供劳务的重要形式，主要目的是扩大经济效益。本章所提及的广告，是指狭义的商业广告。狭义广告的目的就是促销。成功的广告在瞬间就能够引起消费者的注意和兴趣，并激发他们的参与意识，将欲望付诸购买行动，从而实现拉动销售的目的。

2. 广告的类别 根据广告媒体分类是最常见的划分方式之一，我们常讲的“电视广告”、“报纸广告”就属于这一类划分方法的结果。

（1）电子媒介广告 视听广告包括广播广告、电视广告、国际互联网广告、电影广告、幻灯广告等。它具有生动、形象、突出等特点，但易消失，保持时间短，费用高，适用于日用品的广告宣传。

（2）印刷广告 印刷广告包括报纸、杂志、挂历、产品目录、公园门票等广告。它具有信息发布快、可经常修改、费用低、可反复阅读等优点；缺点是时效性差，注目率较低，读者常对此熟视无睹。它适用于色彩影响较小的机械、电子、交通工具等产品的广告宣传。

(3)户外广告　户外广告是指在街道、车站、码头、建筑物等公共场合按有关规定允许设置、张贴的招牌、海报、旗帜、气球、路牌等宣传广告(图 5-1)。这类广告的优点是成本低、持久性强；缺点是辐射范围小，不易更改，只有其色彩鲜艳、明快、和谐时，才能引起人们的注意。

图 5-1　户外广告牌

(4)DM 广告　DM(direct mail)广告又称邮寄广告、直接投递广告、通信广告、明示收件人广告等。根据美国 DM 广告联合会(Direct Mail Advertising Association)的定义："所谓 DM 或 DM Advertising，是针对广告主所选择的对象，以直接邮寄的方式，通过印刷及其他途径制成的广告作品，作为传达广告信息的手段。"

因此，凡是信函、明信片、小型印刷品等都属于 DM 范畴(图 5-2)，甚至通过三明治人(所谓三明治人是指在身体前后挂上广告牌，在街道上行走的人，犹如三明治)分发小礼品或传单也属于

图 5-2 超市 DM 广告

DM 范围。更进一步讲,凡是经过邮寄并具有广告功能的都属于 DM 范围,例如,实物样品、挨户推销产品的销售人员当场分发的广告品等,都属于广义的 DM。即使不借邮递人员之手,由广告主雇佣临时人员分发的广告，也属于 DM 范围，此种 DM 称为“手送 DM”。

DM 广告的优点是成本低，灵活性强；缺点是广告的关注度低，容易被人们忽视。

(5)*店面广告*　店面广告简称 POP(Point of Purchast Advertsing)，又称为售点广告，是指以产品陈列、布置、装饰为只要形式的广告，例如商品柜台陈列、橱窗陈列、门面广告、模特广告、标语条幅广告等。其优点是形象、直观、持久、突出、费用低、见效快；缺点是影响面小，新鲜感容易消失等。这类广告适合商业零售企业经常使用，但在陈列、布置时要注意基准格调的艺术性与协调性。

(6)*网络广告*　所谓网络广告，就是指在因特网站点上发布的以数字代码为载体的经营性广告。广告界甚至认为互联网络广告将超越户外广告，成为传统四大媒体(电视、广播、报纸、杂志)之后的第五大媒体。自 1997 年中国互联网出现第一个商业性网络广告以来，一直受到不少人的青睐。与传统的媒体广告相比，网络广告有着得天独厚的先天优势。

随着新媒介的不断增加，依媒介划分的广告种类也会越来越多。如楼宇广告、车载电视广告等，都是近几年出现和普及的媒体广告形式。企业应该按照自己的产品、销售区域、消费人群、广告预算等因素来决定自己的媒体选择。

3. 广告排期　广告排期是指广告的媒体选择与发布时间及频率。广告做了出去，企业当然不希望自己的投入没有效果，然而有很多企业都不明白自己的广告费浪费在哪里。

如何科学地制定一排期策略，是很重要的一个问题。选择好适当的媒介之后，媒介策划人员就要决定每个媒介购买多少时间或单元，然后安排在消费者最有可能购买的时期发布广告。

(1)广告排期方法

①持续式排期　广告在整个活动期间持续发布,没有什么变动,这是建立持续性的最佳途径。这种方法的优点在于广告持续地出现在消费者面前,不断地累积广告效果,可以防止广告记忆下滑,持续刺激消费动机,行程涵盖整个购买周期。其缺点为在预算不足的情况下,采取持续性露出,可能造成冲击力不足,而竞争品牌容易挟较大露出量切入攻击。采用这种方式的产品主要有汽车、电视、房地产以及一些日常用品等,因为这些产品我们一年四季都可能用,没有时间性。

②起伏式排期　有广告期和无广告期交替出现。这种间歇性排期比较适合于一年中需求波动较大的产品和服务。这种排期的优点在于可以依竞争需要,调整最有利的露出时机,可以集中力量获得较大的效率,机动且具有弹性。其不足在于广告空当过长,可能使广告记忆跌入谷底,增加再认知难度大,有竞争品牌以前置方式切入广告空当的威胁。采用这种方式的产品和服务主要有税收服务、感冒药、衣服等,因为这些产品我们在某个时段根本不用,所以广告费用可在这个时段降低许多。

③脉冲式排期　是持续性排期和起伏式排期的结合体。消费者的购买周期越长,越适合采用脉冲式排期。这种排期的好处在于可以持续累积广告效果,可以依品牌需要,加强在重点期间露出的强度。缺点是必须耗费较大量的预算。采用这种排期时,广告主全午都维持较低的广告水平,但在销售高峰期采用一时性脉冲增强效果。采用这种方式的产品主要有软饮料、空调,这两种产品虽然一年四季都有消费,但夏季消费量猛增。

(2)广告排期投放策略　广告效果的决定性因素不一定是投放量的大小,在媒介总投资和比重不变的情况下,策略性地安排排期和比重可获得更佳的广告效果。

先来看一个国外的实例,证明了策略性的媒介排期可使同样的媒体投资获得更多的回报，而这种回报并不是因为改善了媒介购买，或通过拿更多的折扣来获得的。原先，飞利浦剃须刀在印度的每月媒介投放额为650万卢比，当时该剃须刀在市场的知名度已达88%，但月销售量仅为1 300个。问题在哪儿？经过市场调研分析显示，高知名度低销售量的原因在于消费者对电动剃须刀的两个误解，一是感觉会使皮肤粗糙，二是剃不干净。而广告创意并没有针对这两个误解。后来公司对广告的排期策略进行了改进，将原先的持续式排期改为脉冲式排期，并且通过进行产品演示来消除消费者对电动剃须刀的误解。安排40天的高密度产品演示，用报纸首页广告来传递演示的信息，并列出演示点的详细地址，所有媒介都集中投放在从周五晚上到周日早上的时间。在广告花费基本不变的情况下，新的媒介排期策略使销售量增长了10倍，投资回报率比过去提高了5倍。

再来看一个国内的例子。喜之郎果冻布丁是投放广告量很大的品牌之一，2001年2月在全国29个城市的60个频道中投放广告，广告费用为914万元，播出广告1 659次，时长27 503秒，占同类产品广告总投入的27.78%。喜之郎的广告费用主要投放在中央台和卫视台以增加广告的覆盖面，再通过各地的有线网和地方台提高产品的认知度。喜之郎的广告投放排期采用的是脉冲式，在过年时加大广告投放量，突出其喜庆的特点，而在平时则注重对广告形式的变化，如有针对小朋友的果冻布丁，还有针对青年人的水晶之恋。

反观国内另外一些投放量巨大的广告对那些已经有了很高知名度的企业，关键是要提高企业的美誉度。如果还是一味地在中央台和各大媒体进行那种单调的、没有任何创意的狂轰滥炸，那可真是浪费了钱财，收获也不大，甚至于出现逆反效果。

当前，面对如此多的媒体与时段选择，市场人员们必须认真审慎思考选择什么样的广告表现形式，什么样传播之道，才能有效地引起消费者的关注与喜爱。

（二）农村推广中几种常见的广告形式

1. 户外广告

(1)户外广告类型　凡是能在露天或公共场合通过广告的表现形式同时向许多消费者进行诉求，能达到推销商品目的的物质都可称为户外广告媒体。户外广告可分为平面和立体两大类：平面广告有路牌广告、招贴广告、壁墙广告、海报、条幅等；立体广告有霓虹灯、广告柱以及广告塔灯箱等。在户外广告中，路牌、招贴、灯光广告是最为重要的几种形式，影响很大。农村户外面积较大，一般的商品广告很适合使用户外广告形式。

招贴广告，也称为海报、宣传画，是一种在室外或公共场所张贴的广告，通常是印刷或绘制的。在我国由于城市建设发展，张贴范围逐步受到限制。但张贴广告作为一种传统的广告形式，还是具有很强的生命力和非凡的传播效果的。随着20世纪80年代以后电子制版的出现，创造出了比以往任何时候都更引人注目的表现语言，招贴广告所具有的许多优点是其他任何媒体无法替代的。

油漆绘制广告，也称为看板广告、路牌广告和民墙广告。这种广告既可绘制在墙壁上，也可绘制在广告牌上；有电脑喷绘，也可以手绘。它形式上与招贴接近，尺寸要比招贴大很多，主要作用是加深印象、长期提醒、引人注目、树立品牌等。其费用是越热闹的地方越贵，自然效果也是越热闹的地方越好。

户外灯光广告，包括灯箱广告、霓虹灯广告、激光广告等，它是户外广告中最富丽堂皇的品种，其广告信息是通过灯光的效果来传播的。由于光彩夺目，绚丽多彩，有的还有动感，往往给人留下很深的印象。户外灯光广告还有美化城市的作用，甚至成为城市的景点，当然价格也是户外广告中较为昂贵的。

车船广告，是指设置在公共车辆，船舶等交通工具上的广告。

它的主要特点针对性较强，而且是流动性的户外广告。广告主可以选择车船的线路以适应目标市场的需要，向公众反复传递信息。

电子屏幕广告，也称为电视墙，是设置在室外的大电子、电视广告，流动播出。

(2)户外广告的优点

①户外广告到达率高　据调查显示，目前户外媒体的到达率仅次于电视媒体，位居第二。由于受众对户外媒体的关注度逐渐增加，很多客户越来越偏好使用户外媒体，而户外媒体的关注度和媒介的使用习惯呈逐年提高趋势，特别是在房地产、邮电通讯、金融、服务和家电行业的投放额比例逐年大增。户外广告的传播具有无限性，一方面来自它自身的无孔不入，几乎任何户外的地方都可以发布大小、形式不一的广告，另一方面则来自人们户外活动的规律性。这就给户外广告被接触频率提供了一个优越的先天条件。人们每天的生活总是有规律可循的，简单地说，一个人的普通生活就是若干“点与线”的组合，“必经之路”便成了户外广告“守株待兔”的最佳位置。例如，人们每天总要接触若干次回家途中的户外广告，当广告人找到消费者相关活动的规律后，便能大大提升户外广告的效能了。

②户外广告视觉冲击力强　在公共场所树立巨型广告牌这一古老方式历经了多年的实践，表明其在传递信息、扩大影响方面的有效性。一块设立在黄金地段的巨型广告牌是任何想建立持久品牌形象的公司的必争之物，它的直接、简捷，足以迷倒全世界的大广告商。很多知名的户外广告牌，或许因为它的持久和突出，成为了这个地区远近闻名的标志，人们或许对这街道楼宇都视而不见，而唯独这些林立的巨型广告牌却是令人久久难以忘怀。能综合运用广告的大小、形状、载具形式、色彩、三维等要素，为广告的创作提供创造的灵活性，表现力强；优秀的广告人能很巧妙地运用这些元素，同时借助高科技材料和技术的综合效果，形象生动地表现广

告主题，卓越地表现出强势的视觉冲击力以吸引受众。基于设计灵活性的特点，广告设计者常结合广告客户自身形象、发布区域、时间等量身定制富有个性化的广告。借助户外媒体特殊载具和新技术、新材料的特点，而设计发布的一些形式个性化的广告，能很好地突破户外广告没有的形式，展示运动感和时空性。在一些城市的地铁隧道墙中，经常可以发现一连串不同幅的广告画面巧妙借用地铁运动演绎一幅动态方面的广告。同时，一些运用视频、数字、移动等新材料、新技术的户外媒体也逐渐成为一种趋势。户外媒体给人的印象已不是简简单单的平面单一信息传达，目前数字电子技术的应用使户外媒体开始“动”起来，有了动态大屏幕、数字视频网络播放系统、公交车中的 CD。有了三维成像展示台，很多户外媒体开始走向多元化，这也正是户外媒体生命力所在。

③发布时段长　许多户外广告是持久地、全天候发布的。它们每天 24 小时地立在固定地点，这一特点令其更容易为受众见到，都可方便地看到它，所以它随客户的需求而任天长地久。

④广告费用低　户外广告可能是最物有所值的大众媒体了。它的价格虽各有不同，但它的千人成本(即每一千个受众所需的媒体费)，与其他媒体相比却很有趣：射灯广告牌为 2 美元，电台为 5 美元，杂志则为 9 美元，黄金时间时电视则要 1 020 美元！但客户最终更是看中千人成本，即每一千个受众的费用。

⑤城市覆盖率高　在某个城市，结合目标人群，正确地选择发布地点以及使用正确的户外媒体，可以在理想的范围接触到多个层面的人群，广告即可以和受众的生活节奏配合得非常好。

⑥单一媒体分散但数量巨大，多种户外媒体载具组合运用，且配合其他媒体攻势、整合传播效果明显　联合式户外广告包括媒介联合(户外媒介联合、户外与其他媒介联合)、品牌联合两种形式。户外媒介联合，即将户外媒体中各类形式综合性的组合运用于一个广告运动。比如，一个广告主题既用交通类广告，又用大型

广告牌、街道媒体、人体媒体等同时发布广告；户外媒体与其他媒体的组合是指一次广告运动中同时用到户外、电视报纸等媒体。如CDMA的户外广告的画面用的是电视广告的主画面，这便放大了广告的效能，达到了整合传播的目的。

(3)户外广告的缺点

①覆盖面小、传递时间短、不适合承载复杂信息、信息更新相对滞后以及广告发布不规范等 由于大多数广告位置固定不动，覆盖面不会很大，宣传区域小，因此设置户外广告时应特别注意地点的选择。比如广告牌一般设立在人口密度大、流动性强的地方。机场、火车站、轮船码头南来北往的流动人口多，可以做全国性广告。

②效果难以测评 由于户外广告的对象是在户外活动的人，这些人具有流动性，因此其接受率很难估计。并且人们总是在活动时接触到，因此注视时间非常短，甚至只有几分之一秒，有时人们在同一时间可能接触到许多户外广告，所以要取得广告效果，就要做到让人们视觉暂留，这非常重要。

③在许多地方受到限制 户外广告影响市容，甚至影响行车安全，所以在许多地方受到限制。

(4)农村地区户外广告的常用策略 由于农村地区的特殊性，在户外广告的选择上，多重视喷画广告、墙体广告、横幅广告、车站广告、灯箱广告等，一是因为以上广告制作便宜，二是因为以上广告形式容易悬挂，所以受到广大农村营销朋友的喜欢。我国农村常用的户外广告形式有如下几种：

① 公交车广告 公交车属于移动媒体，表现形式为全车身彩绘及车身两侧横幅挂板，或车内张贴等，其特点是接触面广，覆盖率高，可应目标受众对象来选择路线或地区。最常见的是县城来往各乡镇的公交班车车身及车内广告，能有效地覆盖本地消费群体。

② 车站广告　设置在乡镇车站范围内的广告形式，以来往人群为主要目标对象，特点是人流量高及可覆盖邻近区域。其广告形式有灯箱、无照明广告牌。无照明广告牌广告属于早期的广告媒体形式，保养方便低廉，受到许多营销人的喜欢。

③墙面广告　在建筑物外墙上发布的户外广告，利用墙面张贴大型海报、招贴字画、装饰旗，也可以是各种手写广告等。主要是宣传产品、发布信息、推广企业形象。

④三面翻　是户外广告装置中较昂贵的一种。这种装置带有三面棱柱，广告画面内容使用喷绘、电脑写真或户外彩色即时贴等材质。适用于户内及户外环境，当这些棱柱转动时，可组成三副不同的广告画面。

⑤电子屏（包含所有电子类户外广告媒体）　是户外广告比较新颖的表现形式，常见于现代都市店面，也可在县、镇运用。用电脑控制，将广告图文或电视广告片输入程序，轮番地在画面上显示彩色的图形与文字，能在较短的时间里展示多个不同厂家、不同牌号的商品，具有动感、多变、新颖别致、反复播放等特点，能引起受众的极大兴趣。

⑥充气物造型广告　充气物造型广告多用于产品的促销及宣传。可分为长期型和临时型，在展览场地、大型集会、公关活动、体育活动等户外场所都可运用。由于造型物比实物庞大，设计独特，颜色炫耀，对受众具有一种强烈的感召力。

⑦人行道广告牌　设立在人行道两旁的广告牌，可以使经过的行人清楚地看到广告信息。

⑧悬挂广告　设置于饭店门前、公路两侧电线杆上，制作成灯箱广告、路旗等广告形式。这种广告形式具有制作方便、直接、信息传播广等优点，但是广告面积较小。将旗帜悬挂于街道两旁的灯柱上，又称为路旗广告，也属于悬挂广告的一种。通常广告主在举办大型活动或是一个促销周期时，往往运用路旗广告营造热烈

的气氛，扩大企业标识和活动主题的曝光率。

⑨电话亭广告　电话亭一般设于人流密集区或公共场所，路人接触的概率很高，但需经常保养及保持清洁，以保证广告效果。电话亭广告目前多以通讯、饮料、食品、电器为主。不同地区的电话亭，广告形式及尺寸也各有不同。

⑩阅报栏　在阅报栏开辟广告位置，我们称之为阅报栏广告，其性质与人行道广告相同。

2. 影视广告　影视广告是非常奏效而且覆盖面较广的广告传播方法之一。影视广告制作上具有即时传达远距离信息的媒体特性——传播上的高精度化，影视广告能使观众自由地发挥对某种商品形象的想象，也能具体而准确地传达吸引顾客的意图。传播的信息容易成为人的共识并得到强化、环境暗示、接受频率高。并且这种形式各个年龄段的人都容易接受，所以可以说影视广告是覆盖面最大的大众传播媒体。

(1)影视广告的优势

①影视是唯一能够进行动态演示的感情型媒体，其冲击力、感染力特别强　影视是视听合一的传播，人们能够亲眼见到并亲耳听到如同在自己身边一样的各种活生生的事物，这就是影视视听合一传播的结果。单凭视觉或单靠听觉，或视觉与听觉简单地相加而不是有机地合一，都不会使受众产生如此真实、信服的感受。影视广告的直观性，仍是其他任何媒介所不能比拟的。它超越了读写障碍，成为一种最大众化的宣传媒介。它无须对观众的文化知识水准有严格的要求。即便不识字，不懂语言，也基本上可以看懂或理解广告中所传达的内容。影视是唯一能够进行动态演示的感性型媒体，因此影视广告冲击力、感染力特别强。

②穿透力强，到达率高，有较高的注意率　电视广告可以迅速穿越空间到达电波覆盖的任何区域，直接进入亿万家庭。电视广告带有一定的“强制性”，因而穿透力强，到达率高。经济发达的国

家和地区，电视机已经普及，观看电视节目已成为人们文化生活的重要组成部分。电视广告注意运用各种表现手法，使广告内容富有情趣，增强了视听者观看广告的兴趣，广告的收视率也比较高。电视广告既可以看，还可以听。当人们不留神于广告的时候，耳朵还是能听到广告的内容。广告充满了整个电视屏幕，也便于人们注意力集中。因此，电视广告容易引人注目，广告接触效果是较强的。

③与生活最为贴切，利于不断加深印象　影视与我们的生活密切联系，影视传播的内容是现实的延伸，人们离不开电视，自然也离不开为生活提供各种信息的电视广告。电视广告是一种视听兼备的广告，又有连续活动的画面，能够逼真地、突出地从各方面展现广告商品的个性。比如，广告商品的外观、内在结构、使用方法、效果等都能在电视中逐一展现，观众如亲临其境，留有明晰深刻印象。电视广告通过反复播放，不断加深印象，巩固记忆。

(2)影视广告的劣势

①信息量小，转瞬即逝　由于电视广告一般只有 15 秒、30 秒，信息量是极其有限的。电视广告不能保留、传阅和反复观看，所以不便记忆。

②受收视环境的影响大，不易把握传播效果　电视机不可能像印刷品一样随身携带，它需要一个适当的收视环境，离开了这个环境，也就根本阻断了电视媒介的传播。在这个环境内，观众的多少、距离电视机荧屏的远近、观看的角度及电视音量的大小、器材质量以至电视机天线接受信号的功能如何，都直接影响着电视广告的收视效果。

③费用昂贵　一是指电视广告片本身的制作成本高，周期长；二是指播放费用高。

④瞬间传达，被动接受　全世界的电视广告长度差不多，都是以 5 秒、10 秒、15 秒、20 秒、30 秒、45 秒、60 秒、90 秒、120 秒为基

本单位，超过3、4分钟的比较少，而最常见的电视广告则是15秒和30秒。这就是说一则电视广告只能在短短的瞬间之内完成信息传达的任务，这是极苛刻的先决条件，而且受众又是在完全被动的状态下接受电视广告的，这也是电视广告区别于其他广告媒介的特点。

⑤不利于深入理解广告信息　电视广告时间长度多在5秒至45秒之间。要在很短的时间内，连续播出各种画面，闪动很快，不能做过多的解说，影响人们对广告商品的深入理解。因此，电视广告不宜播放需要详尽理解性诉求的商品，如生产设备之类商品。一些高档耐用消费品在电视播放广告时，还要运用其他补充广告形式做详细介绍。

⑥容易产生抗拒情绪　因为电视广告有显著的效果，运用电视广告的客户不断增加，电视节目经常被电视广告打断，容易引起观众的不满。

(3)农村地区影视广告的常用策略　由于农村企业单位相对资金缺乏，且广告的受众常常局限于某一县、某一乡镇或是某一自然区域，所以，大多农村的影视广告均选择在各县、镇的有线电视台投放。投放时机一般为各类节庆或是农忙时节，比如开春做种子与地膜的广告，夏天做农药广告，秋收时节可以做收割机广告，这些均有明显的季节特点。广告的形式，多以文字广告、图片配音广告居多。

3. DM广告　DM广告即直接邮寄广告，即通过邮寄、赠送等形式，将宣传品送到消费者手中、家里或公司所在地。也有将其表述为直投杂志广告，两者没有本质上的区别，都强调直接投递（邮寄）。一般认为只有通过邮局的广告才可能称为DM广告，而国家工商行政管理局1995年的出版的全国广告专业技术岗位资格培训教材《广告专业基础知识》，把DM硬性定义为直销广告，DM广告除了用邮寄投递以外，还可以借助于其他媒介，如传真、杂志、电视、电话、电子邮件及直销网络、柜台散发、专人送达、来函索取、随商品包装发出等。

DM广告与其他媒介的最大区别在于：DM可以直接将广告信息传送给真正的受众，而其他广告媒体形式只能将广告信息笼统地传递给所有受众，而不管受众是否是广告信息的真正受众。

DM形式有广义和狭义之分，广义上包括广告单页，如大家熟悉的街头巷尾、商场超市散布的传单，肯德基、麦当劳的优惠券亦能包括其中；狭义的仅指装定成册的集纳型广告宣传画册，页数在20多页至200多页不等。DM广告一般定位于本地社区及免费分类信息服务，其服务覆盖生活的各个领域，提供房屋租售、餐饮娱乐、招聘求职、二手买卖、汽车租售、宠物票务、消费购物等多种生活信息，帮助人们解决生活和工作中所遇的难题。内容强调本地化、商务、便民、免费四大特色。受地区法律限制DM广告杂志标价不能出售，不能收取订户发行费，只能免费赠送，DM广告需有工商局批准的广告刊号才能刊登广告，目前常和邮电局的DM专送合作。

(1)*DM广告的优点*　①可以有针对性地选择目标对象，有的放矢，减少浪费；②DM广告是对事先选定的对象直接实施，广告接受者容易产生其他传统媒体无法比拟的优越感，使其更自主关注产品；③一对一直接发送，可以减少信息传递过程中的客观挥发，使广告效果达到最大化；④不会引起同类产品的直接竞争，有利于中小型企业避开与大企业的正面交锋，潜心发展壮大企业；⑤可以自主选择广告时间、区域，灵活性大，更加适应善变的市场；⑥想说就说，不为篇幅所累，广告主可以尽情赞誉商品，让消费者全方位了解产品；⑦内容自由，形式不拘，有利于第一时间抓住消费者的眼球；⑧信息反馈及时、直接，有利于买卖双方双向沟通；⑨广告主可以根据市场的变化，随行就市，对广告活动进行调控；⑩摆脱中间商的控制，买卖双方皆大欢喜；⑪广告效果客观可测，广告主可根据这个效果重新调配广告费和调整广告计划。

(2)农村地区采用DM广告的注意事项　DM广告优点虽多，但要发挥最佳效果，还必须具备三个条件。

第一，必须有一个优秀的商品来支持DM。假若商品与DM所传递的信息相去甚远，甚至是假冒伪劣商品，无论DM吹得再天花乱坠，市场还是要抛弃的。

第二，选择好广告对象。再好的DM，再棒的产品，也要有一群好的顾客。

第三，考虑用一种什么样的广告方式来打动顾客。巧妙的广告诉求会使DM有事半功倍的效果。

在制作DM广告时，请注意以下几点：

第一，设计人员要透彻了解商品，熟知消费者的心理和规律，做到知己知彼。

第二，设计要新颖，印刷要精致美观。

第三，DM的设计形式无法则，可视具体情况灵活掌握，自由发挥，出奇制胜。

第四，充分考虑其折叠方式，尺寸大小，实际重量，便于邮寄。

第五，可在折叠方法上玩些小花样，比如借鉴中国传统折纸艺术，让人耳目一新，但切记要使接受邮寄者方便拆阅。

第六，配图时多选择与所传递信息有强烈关联的图案，以刺激记忆。

第七，考虑色彩的魅力。

DM可借助一些有效的广告技巧来提高DM效果。有效的DM广告技巧能使DM看起来更美，更招人喜爱，成为企业与消费者建立良好互动关系的桥梁，它们包括：

第一，选定合适的投递对象，设计精美的信封，在信封反面写上主要内容简介，信封上的地址、收信人姓名要书写工整，正文言辞要恳切、富人情味、热情有礼，使收信人感到亲切，内容要简明，但购买地址和方法必须交代清楚，附上征求意见表或订货单。

第二，如果采用普通函札方式，类似于亲友来信，能提高拆阅率。

第三，设计成立体式、系列式以引人注意。

第四，设法引导消费者重复阅读，甚至当做一件艺术品来收藏。

第五，重复邮寄可加深印象。

第六，多采用询问式发放 DM 广告，因为这种常以奖励的方法鼓励消费者回答问题的形式，能起到双向沟通的作用，比介绍式 DM 广告更能引起消费者的兴趣。

4. 夹报广告 夹报广告是一种价格合理、信息丰富、印刷精美、受众广泛的新型广告媒体。即把客户的广告宣传页，以“1+1”投递的方式，夹在报纸里面，随着报纸送到客户指定范围内广告对象手中。夹报广泛应用于餐饮、食品、家纺、地产、汽车、日用百货、娱乐休闲、医药用品、数码 IT、美容健身等与百姓相关的各行各业，受到广大中、小企业商家的青睐。

(1)夹报广告优势 ①夹报广告由投递员根据客户要求，“1+1”夹寄投递，保证准确及时，使用户易于接受，无陌生感，广告接受率高。②相比报纸版面、电视、户外等这些动辄需投入数万乃至数十万甚至数百万元的广告形式。夹报广告的印刷制作成本和发行成本非常低廉，而夹报广告所达到的广告效应，则丝毫不逊色于那些需要大手笔投入的广告形式，所以夹报广告的性价比极高。③夹报广告可以根据客户自身经营地点的覆盖范围，指定投放时间、广告投放数量、广告投放范围和对象。④夹报广告不受规格和尺寸的限制，具有信息载量大的特点，形式上设计精美、新颖独特。强有力的视觉冲击力，让夹报广告不会淹没在泛泛众多广告中，使广告效果尽得彰显。⑤夹报广告拥有强大的媒体资源优势、规范的发行渠道和严格的监督管理制度，使广告能准确送达目标群体，客户可以省心、放心。⑥夹报广告的形式新颖，消费者在好奇心驱使下，往往会不自觉地收看，并且记忆深刻，广告效果非常突出。⑦夹报广告既可在全市范围投放，也可选择指定的区域投放，精准率达 95%以上。如配合促销活动在某个特定区域内投放，则广告效果更佳。⑧夹报广告印刷精美大气、富有个性，不仅传达消费信息，还具有保存价值，因而存留时间长，传阅人次多，反复阅读概率大。同时夹报广告也可在彩页上印上年历、折扣券、抵用券等，具有直接的阅读和使用价值，能够使持有者长久留存。⑨夹报广告两面都可设计图文并茂的广告内容，且版面设计自由度极高，使广告内容更加丰富翔实，更具吸引力，可以充分表达广告主需要传达的信息。⑩报纸夹报广告投放对象大都是有一定的文化水准和消费能力，是一个购买力很强的消费群体，加之夹报广告在数量、区域、时间上都可随心所欲进行选择，针对性强，到位率高，所以能够产生很好的广告效应。

(2)夹报广告缺点　①夹报广告是夹在报纸中的广告，因报纸内容较多，容易被消费者所忽视。②现在新媒体层出不穷，报纸作为主要的新闻信息载体已有所淡化，尤其是年轻人获取信息的渠道多为网络、手机等渠道，报纸的影响力下降，夹报的实际效果也可能下降。③DM 夹报广告纸张、规格的选取大有讲究，夹报的制作与设计均有一定难度。

(3)夹报的运用策略　首先要考虑选择哪家报纸做夹报广告，要按夹报量的多少谈好价钱，一般各地的价钱不同，每份夹报从 0.02～0.2 元不等。要根据产品的目标消费者群体的阅读习惯来选择报纸，最好是报纸的目标读者与自己产品的消费者一致，或是有大部分重叠。

DM 夹报广告最好采用 128 克铜版纸，纸质厚薄适中，夹报方便且不容易掉落；对于文字性较强的宣传，可以采用铜版纸。铜版纸的一般规格最好是报纸的一个整版面积，至少也要一个半版；彩页类一般不能小于 B5 纸，一些二折、三折页更不要夹，因为读者拿报纸时，很容易将它们抖掉。

5. 软文广告 软文广告相对于硬性广告而言，由企业的市场策划人员或广告公司的文案人员来负责撰写的“文字广告”。软文广告就是用较少的投入，吸引潜在消费者的眼球，增强产品的销售力，提高产品的美誉度，在软文的潜移默化下，达到产品的策略性战术目的，引导消费群的购买的广告。

(1)什么是软文广告　软文的定义有两种，一种是狭义的，另一种是广义的。

狭义的定义：指企业花钱在报纸或杂志等宣传载体上刊登的纯文字性的广告。这种定义是早期的一种定义，也就是所谓的付费文字广告。

广义的定义：指企业通过策划在报纸、杂志或网络等宣传载体上刊登的可以提升企业品牌形象和知名度，或可以促进企业销售的一切宣传性、阐释性文章，包括特定的新闻报道、深度文章、付费短文广告、案例分析等传达与推广与主题相关而非直接的信息。

(2)硬广告的缺点　广告是消费者快速、准确认识产品的途径之一，是企业提升品牌知名度一个不可缺的部分，是企业抢占市场的有效手段。硬广告正是具有传播速度快、杀伤力大、涉及人群广的优点，所以一直以来成为大多数企业的首选。纵观国内知名品牌，都很重视硬广告，而且很多企业都是首先通过硬广告来打响自己品牌的。但是硬广告具有其天性的弱点，面临着严峻的挑战：

一是费用昂贵，限制了很多企业。硬广告虽然是企业的首选，但不是所有企业都有实力去投入。特别是电视广告，其费用将很多实力弱小的企业拒之门外。

二是硬广告过多过滥，“强制”消费者接触，令消费者感到头痛。以前，对于硬广告，消费者都相信它，以为做广告的产品一定质量好，是名牌。但后来随着消费者认识的提高，同时，消费者被一些不良商家的不实广告欺骗，开始对硬广告持一种怀疑的态度。另一方面，许多电视台播放节目时，常拼命地插播广告，观众对此意见很大。

三是国家明文限制电视硬广告的播出时段和时间。这样的结果将缩减广告的整体播出时间，导致广告费用的上涨。

四是硬广告传播的同质化，正使宣传效应日渐低微。硬广告正面临着信息饱和的瓶颈，企业在广告上很难再形成自己独特的主张，广告形式、内容、策略上越来越形成同质化。

五是后时代广告逐渐替代广告时代。后时代广告的到来将决定广告时代企业一打电视硬广告就带来销量的时代一去不返，现在软广告以其成本低、效果好的优势，深受广大企业的青睐，报刊、杂志也因此成为轰炸的地面主战场。

(3)软文广告的优点与缺点　软广告没有硬广告的那种“杀伤力”，但它对目标公众的渗透力有着极其重要的作用。一方面软广告所具有的科普性、知识性、新闻性，使读者愿意接受这些信息，并从中知晓一定的知识，让读者不知不觉地记住了该产品和品牌，读者就不会产生一种抵抗心理；另一方面软广告是渐进式、润物细无声的，也就更容易被消费者接受。事实也证明，好的软广告可以发挥事半功倍的作用。

虽然如此，传统软广告也面临着挑战。

一是传播面太窄，时效性太差。传统软广告大多见于当日或当月的某种报纸、杂志，传播面仅为报纸、杂志的当期阅读者。企业要达到自己广告的目标，必须花更多的精力在软广告载体的策划方面。

二是整个行业软广告的操作上存在过分“溢美”。传统软广告因为多采用报纸杂志的形式，因此有的企业在软广告中往往宣传味太浓。

互联网的发展为软文广告的发展提供了新的契机，网络软文广告发布后有效期甚至可以长达几年甚至更久，而且费用相对较低。如果网络软文广告写作得具有较高的质量，还会被网民不断地转载，效果极佳。

由以上比较可知，软硬广告各有优劣，可以互为补充。许多广告主如格兰仕、海尔、奥克斯等企业在注重硬广告投入的同时，建立起其完善程度不亚于销售网络的软广告发布网络和平台，然后再根据自己的市场推广策略，遍地开花地发布自己的软广告，对促进销售及提高品牌知名度起到至关重要的作用。企业应该结合自己企业的实际、硬软广告的各自特点，去探索适合本企业的广告方式。

(4)其他　软文广告其实就是在媒体上发消息。发软广告的公司专门有一些人策划一系列的活动，媒体会配合给予宣传，名义上是新闻，实际上是商业广告，发消息的公司私下是要掏钱的(天下没有免费的午餐的)。

目前大部分媒体都可以发布软文广告，但是价格不一，比较而言，平面媒体的比较贵一点，而网络媒体比较便宜。企业发布网络软文既可以直接联系目标网站的编辑进行发布，也可以通过广告联盟批量投放软文广告。

三、促销推广活动

促销活动就是为了促进某种商品或服务的销售而进行降价或是赠送礼品等行为活动，能在短期内达到促进销售、提升业绩、增加收益的目的。促销活动在手机数码、家用电器、办公用品、服装行业、化妆品、商场超市、娱乐行业、餐饮、服务行业、房地产等行业广泛开展。促销的内容包括促销组合、人员推销、广告、营业推广以及公共关系等。

(一)促销活动的种类

1. 以消费者为中心的促销形式

(1)代金券　代金券是商业单位伴随广告或产品的外包装送给顾客的一种标有价格的凭证,但其价值只能在代金券责任者指定的商店实现。通常顾客使用代金券购物可以在价格上获得一定折扣的优惠,但另有一种是持代金券购物后可以将代金券兑换成货币的“自动清偿式代金券”,其优惠的比例就显得更大。

(2)附加交易　附加交易是一种短期的降价手法,其具体做法是在交易中向顾客给付一定数量的免费的同种商品。常见的这种方法的商业语言是“买几送几”。附加交易也被速食店广泛使用,例如在北京的“必胜客”饼屋,客人如果在规定的店堂比较清静的时间用餐,根据不同的用餐量,顾客可以得到不同的免费饮料。

(3)折扣　折扣即在销售商品时对商品的价格打折扣,折扣的幅度一般从5%～50%不等,幅度过大或过小均会引起顾客产生怀疑促销活动真实性的心理。折扣的标志可以公布于店外,也可以标在打了折扣的商品的陈列地点。

(4)回扣　给消费者的回扣并不在消费者购买商品后立即实现,而是需要一定步骤才能完成。通常回扣的标志是附在产品的包装上或是直接印在产品的包装上,例如酒类的回扣标志一般都套在瓶口。消费者购买了有回扣标志的商品后,需要把这回扣标签寄回给制造商,然后再由制造商按签上的回扣金额数量寄支票给消费者。

(5)有奖销售　有奖销售是最富有吸引力的促销手段之一,因为消费者一旦中奖,奖品的价值都很诱人,许多消费者都愿意去尝试这种无风险的有奖购买活动。在我国,法律规定有奖销售的单奖金额不得超过5 000元。除了即买即开的奖品外,为了提高有奖销售的可信度,抽奖的主办单位一般都要请公证机关来监督抽奖现场，并在发行量较大的当地报纸上刊登抽奖的结果。

(6)样品　促销策略中样品的含义包括赠送小包装的新产品和现场品尝两种。许多企业在推出新产品的时候愿意以向消费者赠送小包装的产品为手段来推广产品和刺激购买，如果是食品，则干脆拿到商店请顾客直接品尝。宝洁公司曾在北京大量赠送“潘婷”洗发液的样品，以加强消费者对这种产品的认识。

(7)现场演示　现场演示的促销方法也是为了使顾客迅速了解产品的特点和性能，以便激励顾客产生购买的意念。北京市场上现场演示的产品种类越来越多，有蒸汽熨斗、食品加工机、各种清洁工具和保健用品等。现场演示可以大量节约介绍产品邮寄广告的费用，并使顾客身历其境，得到感性认识。

(8)竞赛　竞赛的方法有多种，常用的还是智力和知识方面的竞赛，其内容多数都是与销售产品的公司或它的产品有关的问题。竞赛的奖品一般为实物，但也有以免费旅游来表示奖励的。竞赛的地点也可有多种，企业有时通过电视台举办游戏性质的节目来完成竞赛，并通过在电视节目中发放本企业的产品来达到宣传企业和产品的目的。

(9)礼品　企业也可以利用一些机会和场合来发放作为礼品的产品，以提高企业及产品的知名度。当然，有时企业只花费很少的经费在展览会或其他场合发放印有厂名的公事包、提兜等，不过这也是很经济的扩大企业知名度的方法。

(10)展销会　展销会集商品展示与销售活动于一体，是近年来很热门的一种商业活动。展销会的产品由厂家直接销售时，其价格会比零售价格略低。由于参加展销会的消费者多数都具有购买便宜商品的欲望，所以如果展销商品的水准较高的话，厂家的销售额能够达到相当的水平。

2. 以企业及组织为中心的促销　生产企业除了以广告和个人推销的形式来促进销售活动外，也在与中间商的交易中使用营业推广的手段。这些手段主要有商业折让、批量折让、商业折扣和费用补贴。

(1)商业折让　如果零售单位向公众发放了代价券，那么，在代价券的有效期内，生产企业在向发行代价券的零售单位出售产品的时候，要对客户进行补偿。为了避免纠纷，生产企业与销售单位的这种商业折让活动一般都以签署合同的形式来作为保证。

(2)批量折让　批量折让是指生产企业与中间商之间或是批发商与零售商之间，按购买货物数量的多少，给予一定的免费的同种商品。例如每购买 10 箱某种商品，即无偿赠送 1 箱的做法，就是批量折让。批量折让的目的是激励中间商增加购买量。

(3)商业折扣　企业在与中间商之间或批发商与零售商之间的交易中，也时常使用一定比例的价格上的折扣，这种折扣因为是分销渠道内部的折扣，所以称为商业折扣。商业折扣这一做法的基础是需求的价格弹性，即价格下降时，需求量会增加。

(4)费用补贴　零售商在配合生产企业进行促销活动时，有时会增加一部分的成本，这些成本有时花费在广告上，有时花费在店堂中商品的陈列上，为此，生产企业一般要给予中间商部分补贴。当中间商自己从生产企业的仓库中将产品运至销售地点时，他们也能收到生产企业所给予的费用补贴。

企业促销活动是有组织、有计划、有目的的整体行为，各种促销手段组合为一个完整的体系，互相配合运用，加强效果，同时，不同的企业依据不同市场情况也可适当选择、互相搭配促销手段进行促销。活动针对的目标市场人群应该明确，要有合适的范围，要有一个明确的主题，这些选择的正确与否会直接影响到促销的最终效果。

(二)促销活动前期

企业在进行促销活动前，应做好以下准备：

(1)活动方案,包括买赠方案、换购方案、套餐方案、开卡方案、抽奖方案;

(2)活动规模,大、中、小规模不同,参加人数及物料也不同;

(3)参与人员,列出所有参加活动人的名单;

(4)参与物料,分为"公司提供物料"和"店家提供物料";

(5)制定奖罚制度,并制定好目标。

(三)促销活动中期

(1)销售分为两种:一种是快速型的,即快速成交,注意在人流多的时候,接待好下一个顾客,一种是慢慢磨的大单;

(2)顾客分为两种:一种是老顾客,以会员积分及活动双重礼为吸引,一种是新顾客,以新加入会员的一些专项优惠和活动当天的优惠为吸引;

(3)活动中参加人员分为两组:两组相应做出目标,目标分解到个人,相互进行PK;

(4)坚持每天早晚会议:早会要给每位队员打气、鼓励,晚上要进行奖罚和总结;

(5)活动当天要报三次数(销量),活动负责人要快速了解销量的情况。

(四)促销活动结束

促销活动结束后,企业要对活动进行总结、分析、评估。内容包括:

(1)活动前准备方面有哪些不足;

(2)活动中有没有配合不到位的,有没有及时解决;

(3)在这次活动中学到些什么,总结经验。

（五）促销活动后期

（1）活动中交订金未付清款的顾客，电话跟进，尽快让顾客到店付清余款；

（2）在活动中享受了活动优惠的顾客，电话邀约到店领取礼品或者做周期护理，电话邀约 VIP 会员到店领取积分礼品，以上都可以增加进店人数；顾客到店与其沟通时，了解希望得到什么样的服务和使用什么样的产品；再次邀约顾客到店面对面交流产品的使用心得和使用方法，这一点非常重要。

【案 例】

2G“新春入网送话费”促销活动

活动名称：2G“新春入网送话费”促销活动

活动对象：如意通（含 5 元卡、久聊卡、包月卡、乡情卡升级版）、新势力校园套餐阅读版新入网客户

活动时间：2012 年 1 月 1 日至 2012 年 3 月 31 日

活动内容：客户无需充值，从激活次月起到 2012 年 12 月，若符合条件可每月获赠 10 元话费。具体条件如下：

（1）客户激活次月不进行消费考核，即可获赠 10 元话费。

（2）客户激活次月起至 2012 年 12 月，要求客户上月月功能费与语音通话费之和大于或等于 10 元，方可获赠 10 元话费。

“限客进门”销售法

意大利的菲尔·劳伦斯开办了一家七岁儿童商店，经营的商品全是七岁左右儿童吃、穿、看、玩的用品。商店规定，进店的顾客必须是七岁的儿童，大人进店必须有七岁儿童做伴，否则谢绝入

内，即使是当地官员也不例外。商店的这一招不仅没有减少生意，反而有效地吸引了顾客。一些带着七岁儿童的家长很想进门看看里面到底“卖的什么药”，而一些身带其他年龄孩子的家长也谎称孩子只有七岁，进店选购商品，致使菲尔的生意越做越红火。后来，菲尔又开设了 20 多家类似的商店，如新婚青年商店、老年人商店、孕妇商店、妇女商店等。妇女商店，谢绝男顾客入内，因而使不少过路女性很感兴趣，少不得进店看一看。孕妇可以进妇女商店，但一般无孕妇女不得进孕妇商店。戴眼镜商店只接待戴眼镜的顾客，其他人只得望门兴叹。左撇子商店只提供各种左撇子专用商品，但绝不反对人们冒充左撇子进店。所有这些限制顾客的做法，反而都起到了促进销售的效果。

一元销售术

美国人卡尔开了家小店，开始时生意萧条，后来他经过精心计算做出决定，只要顾客拿出一美元，便可以购买店里的任意一件商品，于是招来了大批顾客，销售量超过了附近几家大的百货公司。后来他改行经营绸布店，又在经营方式上出新，决定凡在该店购买 10 美元商品，可获赠白券一张，积 5 张白券可兑换蓝券一张，积 5 张蓝券可兑换红券一张，一张红券可以任意挑选店中的一件商品。这种“卡尔销售术”，使他成为百万富翁。

第六章　农产品品牌管理

现阶段的农产品营销早已不再是简单的买卖或是销售了，涉农企业的现代营销正在逐步的与其他类型的企业接近，农产品市场也日渐成为一个竞争激烈、逐步规范的市场。现代农产品市场的竞争越来越倚重品牌的力量，尤其是跨国农产品营销，更是离不开地理标志、原产地名称等农产品品牌的知识。为此，农村经纪人的工作当中就很有必要增加一部分针对农产品品牌管理的内容。农村经纪人具体工作以农产品营销为重心，同时也应未雨绸缪，有目的的、积极的为今后品牌化发展做铺垫性工作。

一、什么是农产品品牌

品牌源自英文"Brand"，最初的含义是指在牲畜身上烙上标志，以起到识别和证明的作用。国外学者对品牌的认识是以美国学者菲利普·科特勒博士的定义为主流认识："品牌是一种名称、术语、标记、符号或图案，或是它们的相互组合，用以识别某个消费者或某群消费者的产品或服务，使之与竞争对手的产品或服务相区别。"国内学者普遍认为："所谓品牌，也就是产品的牌子，它是销售者给自己的产品规定的商业名称，通常由文字、标记、符号、图案和颜色等要素组成或是这些要素的组合构成，用作一个销售者或是销售者集团的标识，以便于同竞争者的产品相区别。"品牌是一个集合概念，包括名称、标志、商标，所有商标都是品牌或品牌的一部分。

(一)农产品品牌的适用阶段

品牌是商品营销手段发展到一定阶段产生的事物,最初的作用就是实现差异化战略,是为了将自己的产品与竞争对手相似的产品区分开来而采取的一种企业发展战略,农产品作为农业活动中直接获得的初级产品或直接加工品,越是普通的初级产品,其明显的直接区别在一些农产品中可能就越小,农产品营销在竞争的初级阶段是不需要品牌支持的。顾客对于利益的追求包括了功能性和非功能性两个方面,前者更多地体现了对物质的追求,后者体现在精神情感上。对于功能性的需求,顾客对其判断的标准非常明确,即性价比。即对于普通初级农产品而言,仅仅用于满足顾客的功能性的需求(如温饱等),其竞争的主要手段就是性价比竞争。品牌战略适用于具有较高附加值和明显个性特征的农产品竞争。

(二)农产品品牌的特性

自然形成的以地域为名称的农产品品牌具有公共资源的性质,因此,农产品品牌比起其他类别的品牌又多了一项属性。

最初的农产品品牌源自地域差别造成的同类农产品间品质的不同,均以特定的地域气候及水土不同而形成各自不同的口味及品质,在长期的生产经营过程中,进行了市场化的品牌演化过程,众多该产地的经销商利用该地域品牌的公共资源特性,对其营销的主要诉求也进行了符合自己利益的修改,为此,逐渐形成了以地域为主要差别标准的农产品品牌。主要标志是营销的产品名称中除了农产品的品名之外还有产地的名称。如:大米因产地的不同有天津小站大米、东北大米以及晋祠大米等,均以“产地+品名”的形式出现,以这类形式出现的农产品品牌因为所属权的不明确,均有公共资源性质的问题,即借用盗用甚至滥用公共农产品品牌的现象严重,而疏于维护,以至于如今具有公共性质的农产品品牌资源损失严重。

（三）农产品品牌的分类

农产品品牌没有统一的分类标准，下列三种划分方法在实践中较为常见。

1. 依据生产区域划分　此方法是最常见的一种划分方法，农产品因地域不同而产生的自然差异，是最直接的划分标准。一般在对同一品种的农产品划分时，依据其出产的地域直接划分而形成品牌差异。

2. 按照所有者划分　此方法是针对农产品品牌的公共资源特性而专门设置的一种划分方法，农产品品牌依据所有者的不同，可以分为公共资源性品牌、集体所有品牌、农业企业自有品牌以及分散的个体品牌。

3. 按照品种不同划分　农产品品牌竞争发展到延伸阶段后，竞争不再是同种产品之间的竞争，而发展至不同品种之间的所有者的综合实力的竞争，按照品种划分农产品品牌是为了方便不同品种的农产品品牌所有者分析整个市场竞争形式时常用到的一种划分方法。

二、农产品品牌创建的基本步骤

品牌的创建不是一朝一夕可以完成的，它有一个复杂而又严谨的过程。下面是按照创建品牌的标准步骤，并结合农产品品牌的特性对其创建过程划分出的基本步骤。

第一步，品牌资源的分析与定位；

第二步，品牌品名及商标(logo)的设计；

第三步，品牌个性及识别系统的建设；

第四步，品牌推广策略的选择；

第五步，进行品牌整合推广；

第六步，品牌实施的监测与维护。

当然，一般品牌的创建规律也符合以上步骤，这些步骤也不是完全独立的，它们之间可以随着具体情况进行合并调整。

(一)品牌资源的分析与定位

1. 品牌资源分析 市场是现实购买者和潜在购买者的总和，分析好市场是一切营销活动的基础。因此，农产品品牌创建的第一步就是对品牌资源进行分析。农产品品牌资源分析的结论是两个相连的部分，即目标市场的细分选择与农产品的产品定位。具体说来，市场定位是产品所有者针对于目标消费者或者说是目标市场的选择。产品定位是在完成市场定位的基础上，采用什么样的产品策略来满足目标消费者或目标市场的需求。产品定位是对市场定位的具体化和落实，是以市场定位为基础，受市场定位结论的指导，但比市场定位更深入和细致。品牌定位指企业在市场定位和产品定位的基础上，对具体的品牌在其价值取向及个性差异上的原则性决策。从理论上说三者的顺序是市场定位在先，继而是产品定位，最后才是品牌定位。前两个步骤基本囊括了对品牌资源进行分析的全部内容，所以在此着重阐述品牌定位的基本内容。

2. 品牌定位相关理论 一般而言，在完成市场定位和产品定位的基础上我们才能比较顺利地进行品牌定位。品牌定位解决的是在市场细分化和产品差异化的基础上，进一步强化品牌识别的作用，以增强产品竞争能力的问题，品牌定位以产品定位为基础，但内容远不止于产品的范畴。

定位解决的是信息传播问题而不是产品自身问题。定位的最主要原因是竞争的加剧。在同一类型的产品上有大量竞争者，这些竞争者纷纷向消费者提供相类似的产品，消费者每天可以接受大量的信息，因此，有必要对消费者接受信息的规律做简要的解释。

消费者在接受品牌信息时，其规律可以概括为三个方面。

规律一，仅仅接受与接受者原有知识相一致的品牌信息。人的大脑在接受信息方面是有选择的，它往往只接受那些与它原有观念相一致的知识。一个人不可能是一个完全理性的人，在决策时并不总是信赖于客观事实，更多的是依据原有的知识做出判断。品牌塑造本身也是消费者接受品牌信息的过程，不符合消费者原有知识的品牌信息很难对消费者行为造成影响。消费者一旦被某个品牌占领之后，其他品牌再去抢那个位置就非常困难。因为消费者仅仅接受相关的信息，与之无关的接受起来将是非常艰难的。

规律二，有研究表明消费者对同类产品的品牌最多能记住七个，这七个品牌会排序组成一个记忆阶梯对消费者的行为造成影响。品牌之间互相竞争，一般前三个品牌占据绝大多数的市场份额。这个规律说明品牌要成功必须进入前七名，要想做大做强则必须进入前三名，否则等待企业的将是失败。

规律三，尽可能减少记忆量。消费者倾向于把复杂信息简化处理。每个消费者每天要接受上千条的广告信息，一个包含大量信息的品牌可能会因为消费者的接受时间不足而传播失败。消费者最容易记住的东西是最简单的，简单且能引发消费者联想的品牌才能获得成功。

3. 品牌定位程序

第一步，分析该品牌的核心价值。依据产品定位确定品牌核心价值，品牌的定位一定不能偏离品牌的核心价值。优秀的品牌核心价值应该能够体现所有者的社会责任感以及价值观。对食用农产品而言，安全性是体现生产者社会责任感的首要要求。

第二步，品牌竞争目标确认及核心价值的演绎。品牌定位的目的是尽可能避开竞争者所带来的冲突。在具体确定企业品牌位置时一定要分析竞争品牌在消费者脑海中现有的位置。在了解竞争者的基础上，运用具体的营销策略，结合自身的资源情况确立明确的品牌价值理念。除此之外，企业并不能直接实现其价值观的传播，优选演绎方向是品牌定位中重要的步骤。

第三步，优选品牌诉求点。在确立了核心价值及其演绎方向之后，其他定位都要建立在自己的优势诉求点之上，所有者即可优选品牌在营销中的品牌诉求点。此阶段的品牌诉求表达起来仍是抽象的概念。

第四步，品牌策略原则的形成。这一阶段，完成了品牌理念从抽象概念到具体操作的过程。应用与传播必须执行这一阶段形成的各项品牌策略原则。

品牌策略原则的形成标志着一项品牌定位的完成。当然，这些原则也不是一成不变的，适时地修改原则以适应环境的变化也是必须有所准备的。

（二）品牌品名的设计原则

品牌形象系统中的名、图、字、色四要素，品名是首位。确立品名识别，是一项很重要的经营策略。

一般来说，一个品名有两层含义，第一层含义是指用以识别功能的产品名称，是品名的基本含义。当产品名称得到消费者的广泛认知，产生了品牌关系后，品名就有了第二层的含义，即品牌的品名。所有的事物都有符号识别系统，具备区别于其他事物的识别性，但有识别的事物不一定都能体现出市场价值。我们所提及的品名就是有市场价值的识别系统。

品名的确定一般遵循以下五大原则。

1. 易于传播原则 易于传播原则是创造品名的核心，可以理解为易识别、易读、易记、易口传。因此，从心理学的角度，可易于记忆的品牌名字数不应该超过 4 个，反之认知度就会迅速递减。

越难传播的名词，其宣传成本就越高。

顶新集团的“康师傅”品名就是个很好的例子，“康”代表健康，与产品所处的食品行业理念一致；而“师傅”又是传统中对好厨师的一种尊称，整个品名读起来亲切上口，响亮易记，是一个很优秀的品名。

2. 丰富内涵与易于联想原则 丰富内涵是品名要能蕴涵一种深刻的理念，易于联想是字面无意的品名能够引发消费者的联想，从而影响消费行为。在品名设计时，既要让语词蕴涵我们所要传达的理念，用词也要有一定的抽象程度，要确保该品名可以引发消费者联想。因此，品名的设计，其语义最好不要太具体，包容度要大，要能给人以一定的思维空间。

3. 易于延伸原则 易于延伸原则简言之就是品名是否能顺利地扩展到其他产品上。一个优秀品牌的品名设计既要能符合产品定位和品牌定位，也要兼顾今后经营发展的需要。

品牌延伸是介于新产品线增加和新品牌增加战略之间的一种发展战略的选择，一般认为品牌延伸是指一个著名品牌或某一具有市场影响力的成功品牌使用到与成名品牌或原产品完全不同的产品上。众所周知，创建新品牌的成本及风险越来越大，在发达国家创立一个新品牌的费用大约在 5 000 万～1 亿美元，如果要创建一个具有国际影响力的品牌，则至少需要 10 亿美元的投入，即便如此，也无法确保新品牌一定在市场上成功。品牌延伸能力就成为决定品牌价值实现的最为重要的组成部分，同时品牌延伸在品牌实践中的应用也最为常见，以美国为例，在过去 10 年新上市的消费品中，有 95%是属于品牌延伸的，采用新品牌推出新产品的比例只有 5%。因此，在设计品名阶段就考虑品牌延伸问题是十分必要的。

4. 适应性原则 适应性是指品名的使用能够适应时间和空间上的变化。在时间上，不能有过强的时代特征以免时过境迁显得陈旧过时。在空间上，不会因地域不同而引起文化冲突，要尊重各地区消费者不同的消费文化和风俗习惯。

美国 Cocacola 公司当年准备进入中国市场时，曾聘请一位华裔来设计其中文名。英文的“Cocacola”实际上是一种药草和果子名称的结合，并无实质性的意义，该设计者谙熟中国人的心理，设计出“可口可乐”四个字作为 Cocacola 在华的品名。如今，“可口可乐”在中国市场的表现，充分证明了这一品牌名的策划是非常成功的。第一，“可口可乐”这一品名没有时代印记，且明明白白地显示了饮料的功效，满足了消费者的愉悦心理，体现了品牌定位的内涵；第二，“可口可乐”这一品名符合中国文化音义双佳的审美价值，双声叠韵，凸显了汉字文化的魅力。

5. 可保护性原则 可保护性是指名称可以在法律意义上能够得到充分的保护，即能注册，最好可以在全球注册，尽量回避使用已经被注册了的品名。

很多企业在这方面意识很薄弱，以至于自己经营了几十年的品牌，被竞争对手抢先注册，而丧失了应有的法律权利。联想集团将原先使用了 10 年的英文名“Legend”改为“Lenovo”，原因就在于此。联想在解释更名动机时说：“联想品牌要国际化，首先需要一个可以在世界上畅通无阻的、受人喜爱的英文品牌，但‘Legend’这个英文名在国外很多国家已经被注册。所以，必须未雨绸缪，为未来公司业务拓展做好先行部署。”联想英文品名变更的案例充分诠释了可保护性原则的要领。

（三）品牌个性及识别系统

1. 品牌个性 品牌营销理念是继品牌定位之后的理念实施阶段，在整个识别系统中被称为品牌理念识别系统。

理念，是判断是非对错所要遵循的准则，是全体人员必须培养的共识意念。品牌营销理念要求全体人员在经营的全过程中贯彻品牌定位的原则，执行以品牌塑造与维护为中心的营销观。它包括了四个方面的内容：品牌营销理念的提出、品牌价值观的提炼、品牌个性的确立、品牌口号的提出。

这四方面内容中，品牌个性的确立最为关键，这是企业营销活动与消费者的沟通交流中，从品名标志到品牌形象再到品牌个性，个性是追求的最高层面。品牌的形象对消费者而言只能形成认可，而品牌个性则可以形成品牌忠诚，影响消费行为的发生，因此，品牌个性应该比品牌形象的要求更高。

营销理论中的品牌个性与广告理论中的品牌人格化很相似，广告大师奥格威为此专门在品牌形象战略理论中做过论述：广告不仅要挖掘产品本身的卖点，同时还要赋予产品一种人性化的形象。如威士忌、香烟、啤酒等商品，竞争者不易看出各品牌有多大的差异，如何转化广告表现，是主要课题。因此，奥格威主张，培植品牌拥有的威信，使消费者保持对品牌长期的好感，从竞争品牌中确立自家品牌的优越地位。这种战略构想，必须长期使用某一象征，借以强调高级感、高品质，多起用名人或有个性的人作象征人物。

品牌个性化，有助于实现更好的传播沟通效果，在创意时要为这个品牌的个性找到拟人的价值观、外形、声音、行为等特征。品牌个性化的塑造分为三个基本步骤：第一步，对产品进行拟人化处理；第二步，选择产品与品牌相一致的品牌形象代言人；第三步，依据产品定位和品牌形象确定品牌个性。

塑造品牌个性应该独具一格，其关键在于选用适当的核心图案表现品牌个性，品牌的特定个性要用标志和文案表现出来。

2. 品牌识别系统 在塑造品牌进行到品牌个性确立之后，需要对品牌进行识别系统的设计，这是一项系统工程，包括以下两个主要方面。

(1)视觉识别系统设计 是在品牌定位、品名和品牌个性确定之后，运用视觉传播的方法，通过识别符号来展示品牌独特的形象设计。

品牌视觉识别系统的作用，可分为基础和应用两大部分。基础设计部分包括企业标志、品牌标志、标准字体、标准图形、标准色彩等若干方面；应用部分包括产品造型及其包装、生产环境和设备、展示场所和器具、交通运输工具、办公设备和用品、工作服饰、广告设施和视听资料、公关用品和礼品、厂旗厂徽、指示标志和路牌等所有需要应用基础设计。

(2)行为识别系统设计　品牌行为识别是一种在品牌理念指导下，通过品牌贯彻来促进的对外经营、对内管理的各项工作，从而形成品牌经营系统的设计系统。品牌的行为识别主要包括发展品牌战略的策划、相关组织机构的设置、新产品开发的方向、促销手段的运用、公关活动的范围等。从形式看，行为识别系统是一种反映企业动态过程的设计系统，是市场行为规范化、标准化要求，因此相对于视觉识别系统的建立来说，它较为复杂，较有弹性，实施也较为困难。

视觉识别系统和行为识别系统是一个有机的整体。行为识别系统是识别系统的本质内容，它是一种动态的形式，强调一种行为过程，是建立整个识别系统的关键，有了行为系统，品牌的理念才能落到实处；视觉识别系统是整个识别系统的基础内容，是品牌塑造的重点所在，因为有了视觉系统，才能及时地、鲜明地向社会传达品牌的信息，最终塑造出品牌。识别系统是品牌形象直接传达各个经营系统的载体，对于今后的广告和公共关系活动都有指导性的意义。

(四)品牌推广策略

1. 品牌推广人群定位　正确地定位目标消费人群对于整个营销活动来说都是至关重要的，一切营销行为都是针对目标消费人群有的放矢的。一旦目标消费人群的定位出现错位，就会导致营销活动甚至整个经营活动的失败。

汉林清脂在产品品牌推广中的定位错误是比较典型的案例，太太药业在中国女性保健品市场创造了耳熟能详的太太静心品牌。作为中国女性保健品第一品牌，其产品热销的背后跟目标人群定位得当、传播技巧到位是分不开的，然而，太太药业进军男性保健品市场却遭到了惨败。

同太太口服液、静心口服液一样，汉林清脂上市前也做了明确的目标群定位，诉求定位在职位高、收入高的中年男性，并不惜重金请出香港影星任达华作为形象大使来做推广，广告词是“天天清一清，血脂不再高”。作为配套手段，太太药业还在全国掀起了声势浩大的“汉林清脂·血脂健康万里行”活动。

短短几个月里，汉林清脂的推广投入3 000多万元的营销费用，在太太药业的营销史上还从未有过如此大规模的传播运动。据后来的不完全统计，一年时间内，汉林清脂在中央台和卫视台的广告投入达到4 000多万元现金，但汉林清脂并没有收到定位人群的认可。2002年全年的产出不到1 000万元，2003年，太太药业已经彻底放弃汉林清脂，汉林清脂品牌也逐渐销声匿迹。

汉林清脂主要问题就是出在品牌推广人群定位上，大量的研究表明：降血脂市场是个隐形市场，开发难度极大。在太太药业之前，健特生物因此知难而退。所谓“职位高、收入高”的中年男性一般不太注意自己的健康，且极度不相信保健品，他们不像女人和老人那样很容易被广告宣传说服，他们理性而又固执。太太药业却过于乐观地对形势做了估计，对汉林清脂的分析逻辑是这样的：高血脂是极端危险的人类杀手，血脂异常的人应该及时服用健康品来积极治疗，而我国血脂异常的人口至少在1 000万以上，所以，就有了这样一个顺理成章的推论，中国市场存在血脂保健需求的消费者数量至少在1 000万以上。但是高血脂症是慢性病，不到发病之时，消费者几乎没有任何感觉，带给患者的不良生理感受微乎其微。而当高血脂重症一旦发作，降脂保健品的作用已经微乎其微，绝大多数患者会选择去医院就医，而不再理会保健品。

太太药业曾经依靠其广告，成功地塑造了女性保健品品牌，但品牌的塑造不仅仅依靠广告。太太口服液、静心口服液的成功，是整体营销的成功，决不能简单地理解为广告的成功，消费者对相应症状的认知与重视，离不开太太药业综合的营销实力。在缺乏良好市场铺垫，以及对目标消费人群的调研的情况下，汉林清脂片面沿袭太太药业运作思路，采用电视主流媒体广告高举高打高投入，一年投放了上千万元的广告费用，但没有多少目标人群接收到汉林清脂的广告信息。降血脂市场的隐形特点，注定其广告提示效果不佳，理性的男性目标人群市场并没有轻易地被汉林清脂的广告攻势打动。在品牌推广后期经营者可能也意识到这一点，变换了推广策略，但新的策略仍未能赢得目标人群。由此可见即在品牌推广中的定位错误，只能是差之毫厘，谬以千里的结果。

通过案例的分析，我们可以得出选择人群定位必须遵循的四个原则：

(1)推广的目标人群要足够大，在媒体的选择偏好上有相对的集中一致；

(2)目标人群的直接需求一定要与品牌的功能定位一致；

(3)避免与其他优势品牌的目标消费群发生冲突；

(4)避免将目标人群定位在最难以启动的人群。

品牌推广人群的定位，需要充分地对目标人群进行调研和统计分析，科学严谨的进行评估，在风险和机会共存的市场上，品牌推广策略主张首先做好回避风险的工作。

2. 品牌各个推广阶段的策略 按照科特勒的营销理论，一个健康发展的品牌是由品牌知名度、美誉度、认知度、联想度和忠诚度这五方面构成，必须全面均衡发展缺一不可，某一方面而过度偏颇必然导致品牌畸形的发展。下面按照品牌发展的阶段来阐述推广内容,一般说来品牌发展分成四个明显的阶段:新品牌导入期、成长期、成熟期和衰退期。

(1)品牌导入期　品牌的第一个推广阶段是新品牌导入期,导入期就是品牌第一次面对顾客或第一次参与竞争的阶段。导入期的特点是:目标人群出于对新品牌缺乏认知而谨慎选择。顾客中会有少数敢于尝试者,这些试用者可能就是顾客群中的勇于接受新鲜事物者,也可能是品牌的忠诚者。其他利益相关者也在密切注视新品牌的推广过程和结果。

概括和了解导入期的特点是为了企业制订适合的推广计划和媒体投放策略,针对一个新品牌的推广,目标人群的反应无外乎漠不关心、关注、尝试和充当传播者四种。根据以往的市场推广经验分析,顾客这四种行为状态的比例依次是64%、21%、13.5%、1.5%,四种表现基本涵盖了目标人群对新品牌的态度,而且就是这些显著的态度决定了品牌推广策略。

品牌在推广前一定要充分地论证其可行性,并且制订一套有连续性和针对性的推广步骤。值得注意的是,品牌在导入期的推广因不同行业、不同产品而没有一成不变的推广模式,这要求根据具体市场、具体产品、具体的目标人群来选择适合自己的推广模式,简单地照搬成功案例很可能会弄巧成拙。

(2)品牌成长期　经过新品牌导入期阶段,品牌推广就进入一个新的阶段——品牌成长期。成长期是品牌推广的关键时期。适应性地调整产品定位、品牌定位和推广方式在这一阶段是必要的,提升美誉度和忠诚度是这一阶段工作的重点。

成长期的特点是:品牌在行业内已有一定的知名度,越来越多的顾客表现出了对品牌的赞誉,并开始使用该品牌的产品,并在前期试用者中已有一定的忠诚度。品牌资产的无形价值已经初步形成。品牌的销售量和市场占有率进入快速上升期。

这一阶段是问题的暴发期，品牌管理和控制能力问题、媒体的选择及投放的频率问题、品牌推广人员的观念和执行能力问题等，均会在这一时期显现出来，成长期里对于品牌推广的步骤、推广的协同力和推广的创新性要求很高。处在成长期的品牌已经具有较高的知名度，为了使品牌的美誉度和忠诚度得到同步提升，必须进行有效的品牌管理。

品牌成长期所采用的推广方式恰当与否关系到品牌竞争力和影响力的提高，因而，还应评价现有的推广模式是否有利于品牌的发展后劲。

(3)品牌成熟期　品牌成熟期也称为品牌全盛期或收获期。成熟期的特点是：品牌已有很高的知名度，目标人群相当明确且认知度很高，品牌已经具有了可以延伸的能力；已经拥有了相当数目的品牌忠诚者，销售量和市场占有率达到前所未有的高度，成为各媒体关注报道的对象，对社会公共事业有一定的影响力，品牌竞争力和影响力已经在行业内达到数一数二的位置；品牌的无形价值也已提高到新的高度。

处在成熟时期的品牌还是存在许多可以攻击的地方，如品牌的核心优势的丧失、目标人群偏好的转移、顾客忠诚度的降低等。当品牌进入全盛时期时，应当全方位地检查自己存在的劣势，应深知就是这些劣势可能会成为品牌被攻击的弱点。因此，放大优势，修补劣势，是品牌管理的重点工作。

值得强调的是，成熟期的品牌因为品牌本身已经具有的影响力，成为各个利益相关者关注的焦点，稍有不慎，尤其是产品或企业声誉方面稍有不尽如人意之处，再经过媒体的放大炒作，极有可能使品牌陷入万劫不复的境地。于是规避风险成为品牌成熟期管理工作的重要原则。

(4)品牌衰退期　所谓品牌的衰退期，是指品牌的美誉度和忠诚度表现出逐渐下降的趋势，品牌竞争力和影响力正在逐步衰退的阶段。

衰落期的特点是，品牌的知名度仍然很高，但影响力远不如从前。目标人群的认知度仍在延续但力度逐渐下降。销售额和市场占有率数量明显萎缩。越来越多的经销商开始退出合作。品牌资产的无形价值正在以极快的速度降低。

品牌进入衰落期既是必然，又是偶然。当品牌定位和诉求不再适应、推广方式不当，或是竞争者加大投入、出现了先进的竞争产品、竞争者诉求和定位更加适应而失去顾客，或是突发事件处理不当等，都会使品牌由盛转衰。

但品牌衰落期并不必然使品牌走向衰败和消亡，只要处理得当，仍然可以延续品牌的生命力。

（五）品牌传播

1. 边际效用递减规律与马太效应 在谈到广告媒体传播效果时，有两个重要的原理不能不提到，一个是边际效用递减规律，另一个是马太效应。

边际效用递减是经济学的一个基本概念，说的是在一定时间内，在其他商品的消费数量保持不变的条件下，消费者从某种商品连续增加的每一消费单位中所得到的效用增量，即边际效用是递减的。边际效用的应用非常广泛，经济学上的需求法则就是以此为依据，即用户购买或使用商品数量越多，则其愿为单位商品支付的成本越低（因为后购买的商品对其带来的效用降低了）。

边际效用递减规律在人类的生产和生活活动都是适用的，品牌传播媒体的传播效果，也依然遵循边际效用递减的规律，即品牌塑造活动不能把一种广告信息重复得太多，把同样的信息重复到一定程度，其边际效用会开始递减，到一定时期就没有什么效果了，但电视台或报社的价格却是不变的。

在《圣经》中的“马太福音”第二十五章有这么几句话：凡有的，

还要加给他叫他多余;没有的,连他所有的也要夺过来。经济学家将其演绎为对一个重要的经济现象的解释:由于累积和机会,有钱的会更有钱,穷的会更穷,这个效应就叫马太效应。

品牌塑造规律也遵循马太效应,确切地说是媒体投放的信息量积累到一定程度所产生的效应。品牌塑造发生马太效应增长时,会发生自传播现象,在马太效应发生之前,品牌资产的增长是很缓慢的,品牌对营销的促进作用是非常有限的。使用媒体进行传播对于创建一个品牌是必不可少的,而且必须把同样的信息用足够的时间和密度来重复传播。只有足够的重复才会对消费行为有影响,如果你所重复的次数不够,就会造成更多的浪费。就像烧水,烧到 90℃ 就熄火,说明你前期的投入全部白费,因为水还没有烧开。然而,对媒体投放而言,这个度的把握可并不那么简单。这就需要对媒体的选择进行科学的论证和监测。

这两个重要的原理之间在表面上看起来是矛盾的,其实不然,二者发生在品牌塑造的两个阶段,不会在一个品牌上同时发生。

2. 媒体组合的一般原则

(1)战略性媒体与战术性媒体之间均衡的原则　媒体也有很多种分类,可以按照行业分,也可以按照阶段分,但按照企业规划阶段的分类是研究品牌创建过程中媒体组合最基础的分类方法。

媒介投放不能临时组织和实施,有些媒体的见效期很长,甚至要一年以上。对于一些主流媒体,与之合作的方式可能会涉及企业长期战略目标的制定,通常把这类能够影响企业战略的媒体叫战略性媒体。战略性媒体的选择是根据企业的战略安排,为品牌长期成长需要专门进行规划,具有长期性、稳定性,一旦与某种媒体形成战略性合作关系,是不能轻易变更的。

仅有战略性媒体是难以满足品牌推广的全部要求的,因为品牌的推广还需要根据季节变化、竞争态势和促销活动来调整媒体投放的策略,所以,还要有足够的灵活性。这种对于企业而言完成战术性安排的媒体，叫做战术性媒体。战术性媒体是根据企业的短期策略而进行的比较选择，以灵活、适用为选择原则，可以做因时因地的变化，不拘一格的选择。

进行媒体的组合，一定要贯彻战略性媒体与战术性媒体之间相互补充的原则，确保整个组合的均衡性。

(2)媒体组合的覆盖特点与目标人群的受体特征之间要求一致的原则　不同媒体的覆盖特点是不同的。比如电视的覆盖率高，但信息量太大，因而平均接受的有效信息就十分有限。而杂志的覆盖率低，但相对成本较低。所以，必须根据不同的品牌推广阶段的不同，选用不同的媒体组合，用更合适目标人群特点的媒体来沟通不同的目标顾客。不同受体的特点也是大不一样的，机械设备的专业广告刊登在小说杂志的封面，其效果可想而知。因此，媒体组合的覆盖特点一定要与目标人群的受体特征相一致。

近几年新出现的一些新的媒体，像网络广告、彩信广告等，都是可以关注的。因为新的媒体背后一定有一批新的目标人群。当面对新的目标人群时，这些新型的媒体可能就是最优选择。

(3)投放时间的长度和投放频度相匹配的原则　投放时间周期的长度是媒体开始传播品牌信息到结束的总投放时间。没有具体的要求，可以是1年，也可以是1个月。投放频度则是指单位时间内广告投放的密度。比如，6月份是你产品的旺季，每天投放10次，10月份是淡季，可以降低频度，每天只投放2次。

投放强度有三种方式可供选择：连续式投放、栅栏式投放和脉冲式投放。连续式投放是一种稳定的投放方式，因为它没有随季节及竞争态势变化而变化的能力，因而一般很少单一采用。栅栏式投放是不连续的投放方式，根据自己的预算和需要，断断续续地投放，这样的投放方式很难进行科学的预测和分析。脉冲式投放则是连续式和栅栏式投放的综合形式。基本综合了连续式和栅栏式的优点，使得投放时间的长度和投放频度相匹配，因而为品牌推广的媒体组合中首选的投放方式。

(六)媒体效果评价

除了以上的媒体组合原则之外,单个媒体的选择也是很重要的。通过对媒体整体效果与单位成本之间的比较来判断媒体的性价比。通常情况下,考虑两个重要指标:目标受众的覆盖率和覆盖的相对成本。

其中,目标受众的覆盖率是至关重要的。表示媒体对目标人群的覆盖能力。当然覆盖率越高越好。但在现实中,覆盖率高的媒体价格一般很高。所以,一般企业都会考虑细分出目标人群,分析目标人群的受众特点,再选择覆盖率高而相对成本较低的媒体。这样就有了第二个指标的约束,覆盖的相对成本,一般用千人成本(CPM)来表示,即信息覆盖1 000人的费用。

覆盖率与千人成本之间的比值是比较媒体性价比的关键指标。比值越高,代表着覆盖与成本之间相权宜,在此问题上注意本末倒置和高举高打的两种危险做法。对媒体组合而言,有效覆盖是第一位的,如果放弃这个目标而只图核算,就犯了本末倒置的原则错误,实践中是很危险的。而高举高打的风险也不一定亚于本末倒置,高投入下的高覆盖会有相当部分面对的不是目标人群,这也是为什么很少见到专业广告在大众媒体上出现的道理。

(七)品牌实施的监护与评估

完成了上述一系列的准备步骤之后,品牌战略可以着手实践了,而对品牌实施的监测和维护其实质就是品牌资产的管理,其关键环节是对实施效果的评估。在这里依据各种评估方法的特点做一归纳,简要介绍一下几种品牌价值评估的方法。

1. 成本法

(1) *历史成本法*　历史成本法是依据品牌资产的购置或开发的全部原始价格进行估价。最直接的做法是核算全部关于品牌的投资，包括品牌设计、广告费用、品牌公关活动等。认为品牌价值等于品牌投资。

这种方法的首要问题是如何确定哪些成本需要考虑进去，品牌的成功归因于公司各方面的配合，我们很难计算出真正的成本。

历史成本法还存在一个更大的问题，它无法反映现在的价值，因为它未曾将过去投资的质量和成效考虑进去。使用这种方法，最多只能计算品牌的成本而无法计算品牌的价值。

(2) *重置成本法*　重置成本法是按品牌的现实重新开发创造成本，减去其各项损耗价值来确定品牌价值的方法。重置成本相当于重新建立一个全新品牌所需的成本。其基本计算公式为：

$$品牌评估价值=品牌重置成本\times成新率$$

按获得品牌的方式不同，品牌可以是自创品牌或外购品牌。其重置成本的构成是不同的。企业自创品牌由于财会制度的制约，一般没有账面价值，只能按照现时费用的标准估算其重置的价格总额。外购品牌的重置成本一般以可靠品牌的账面价值为论据，用物价指数高速计算，公式为：

$$品牌重置成本=品牌账面原值\times\frac{评估时物价指数}{品牌购置时物价指数}$$

成新率是反映品牌的现行价值与全新状态重置价值的比率。一般采用专家鉴定法和剩余经济寿命预测法。后者的公式为：

$$品牌成新率=\frac{剩余使用年限}{已使用年限+剩余使用年限}\times100\%$$

这里要注意的是，品牌资产原则上不受使用年限的限制，但也有年限折旧因素的制约，不过它不同于技术类无形资产的年限折旧因素，前者主要是经济性贬值和形象性贬值的影响，后者主要是功能性贬值的影响。

2. 市价法 这种方法是通过市场调查，选择一个或几个与评估品牌相类似的品牌作为比较对象，分析比较对象的成交价格和交易条件，进行对比高速估算出品牌价值。参考的数据有市场占有率、知名度、形象或偏好度等。应用市场价格法，必须具备两个前提条件：一是要有一个活跃、公开、公平的市场；二是必须有一个近期、可比的交易对照物。但在执行上存在一些困难。因为对市场定义不同，所产生的市场占有率也就不同，且品牌的获利情况和市场占有率、普及率、重复购买率等因素并没有必然的相关性。

3. 收益法 收益法又称收益现值法，是通过估算未来的预期收益，并采用适宜的贴现率折算成现值，然后累加求和，得出品牌价值的一种评估方法。

在对品牌未来收益的评估中，有两个相互独立的过程，一是分离出品牌的净收益，二是预测品牌的未来收益。收益法计算的品牌价值由两部分组成，一是品牌过去的终值(过去某一时间段上发生收益价值的总和)，二是品牌未来的现值(将来某一时间段上产生收益价值的总和)。但是收益法也有不可靠性：预计的现金流量不准确，无法将竞争对手新开发的优秀产品考虑在内，以及贴现率选取的主观性；时间段选取的主观性。

对品牌价值进行监测是非常必要的，但品牌的监测很难做到实时管理，因为评估又是很难实时进行的。因此定期对品牌价值进行评估是品牌维护的基础工作，也是品牌塑造不可或缺的组成部分。

三、农产品品牌创建的基本条件

（一）确立农产品品牌的创建主体

创建农产品品牌之所以比其他类型的品牌复杂，最主要的原因就是所有者的构成非常复杂。

首先，政府是区域品牌创建与维护的主体，在推进农业品牌化，创建名牌农产品、特色农产品生产基地以及观光农业中，各级政府在提供保障条件、优化市场环境、开展公共管理和监督服务等方面，有着十分重要的责任。

其次，各级政府和部门积极的支持引导农业企业和专业合作经济组织成为农业品牌创建的骨干开发主体，已经形成较为成熟的开发和管理模式，很好地运用了其他行业在品牌创建中的经验，其中最为典型的是以龙头企业组织带动的模式。

龙头企业组织带动的模式以实力较强的农产品生产加工企业、农民专业合作经济组织、产业协会等产业化经营组织为龙头，通过农业科技创新，提高加工的深度和精度，把分散的资源通过各种形式的交易紧密组织等形式有效整合起来，围绕一项产业或产品，以龙头组织负责对品牌塑造和开发，广大的参与者采取标准化的统一生产管理模式，辐射带动基地和周边农户，带动农产品品牌发展。

此外，许多农业科技机构、农技推广单位也积极参与，注册了不少商标，开发了一批知名产品。还有许多农民种养大户创牌意识增强，或单独或联户注册，共同开发，有的由政府相关管理部门直接申报证明商标，供符合条件的农户使用，都成为创建农产品品牌的主体。这就形成了现在农产品品牌创建主体多元化的局面。

确立农产品品牌的开发主体是农产品品牌创建的必要条件，

无论采取何种合作形式，一定要明确品牌所有权关系，尽可能做到受益与风险对等，回避一损俱损的恶性品牌事件发生。

（二）创建者的品牌意识

农产品品牌创建相关者除了创建主体以外，还有相关的管理部门、与之相配套的企业、广大的从业者等，提高创建相关者的品牌意识也是农产品品牌创建必不可少的重要条件。

所谓品牌意识就是指对品牌和品牌管理的基本认识，它是一个组织或个人的品牌价值观、品牌发展观、品牌战略观的综合反应。当一个企业非常清楚地知道他的企业、他的产品和所提供的服务在市场上、在消费者中间的影响力，以及这种影响力所造成的认知度、忠诚度和联想度，并能够采取适当的战略将品牌融入消费者和潜在消费者的生活过程时，他也就在一定的意义上具有了自己的品牌意识。品牌意识为企业制定品牌战略铸就强势品牌提供了坚实的理性基础，成为现代竞争经济中引领企业制胜的战略性意识。

树立现代农业产业化经营的理念，不仅要有农产品市场化的概念，更重要的是提高农产品品牌主体的品牌意识。广大农户、农业企业和农业管理机构应充分认识到农产品品牌化是发展效益农业、农民增收的有效途径之一。

（三）充分挖掘可利用的特色资源

地域类的农产品品牌一定要有特色资源，具有特色资源的地域在自然形成的农产品品牌上具有先天的优势。一个地方的特色优势，预示着它生产低成本产品的高质量和相对大的市场份额，认清当地的特色资源和优势资源，利用特色资源和优势资源发展区域特色产业。经过有关部门特别是农业部门的指导规划，充分利用农业资源的特色，将原有的农产品品牌与现代品牌管理科学结合在一起，开发出新的农产品品牌，这是农产品品牌开发的有效办法。

依托当地的资源优势和挖掘资源的潜在优势，要发挥各地农业资源的比较优势，积极培育和发展特色明显的主导产业和名、特、新、稀、优农产品，选择有开发潜力的产品特别是绿色食品专用品牌和国家优势农产品名称的产品，最为值得关注。

（四）标准化生产

今后的农产品进行品牌营销运作，其先决条件是同工业产品一样标准化的生产。农业标准化将会带动农业的产业化，龙头企业或组织的作用就在于制定并执行符合消费者要求的标准，以标准来提高和稳定农产品的质量水平。组织和指导分散的农户像工厂工人一样按标准进行产品生产。

农产品品牌创建要求农产品尽量取消无标准生产，尽可能地将生产贯彻标准化。在生产方面的标准化与在市场方面的差异化并不矛盾，所谓的农产品标准化其实质是指在农产品生产管理过程的科学化、正规化。目前，已制定的国家级、省级农业地方标准，农产品生产规程，农产品加工企业标准，形成国家、省、地区、企业4级标准体系，涵盖主要农产品。在制定农产品标准过程中，以国家、行业标准为基础，突出地方特色，结合农民在实践过程中长期积累的经验提炼成具体标准，从生产到流通各个操作阶段都有了严格的标准，以适应农产品品牌经营的需要。

（五）获得产品商标

商标是品牌的标志物，是用来区别商品或者服务来源的标志，包括商品商标、服务商标、证明商标和集体商标。《商标法》第三条规定："经商标局核准注册的商标为注册商标，包括商品商标、服务商标和集体商标、证明商标；商标注册人享有商标专用权，受法律保护。”因此，商标如果不注册，使用人就没有专用权，就难以杜绝伪劣品的干扰。所以，在农产品上使用的商标要想获得法律保护，应尽早申请商标注册。据介绍，国外发达国家很多农产品生产者都可以从商标注册和保护中获得利益。相比之下，我国农民处于分散的个体生产者状态，缺乏自创商标的资金和能力，长期以来，只能在生产环节中通过自己的小生产从商标权人那里分到小份额的利益，无法享受到商标注册带来的巨大附加值。农产品品牌创建应有足够的农产品商标意识，提高创建主体的商标意识，使农产品商标化。因此，农产品商标化是创建和保护农产品品牌必不可少的条件。

（六）实施质量管理

质量是品牌的基础，没有质量声誉的品牌很难在市场中立足。农产品质量直接或间接都会影响食品安全，对农产品质量的管理不仅仅是商誉的问题，还有更重要的社会责任问题，所以，农产品质量管理的保证是品牌品质的基础，是农产品品牌创建的必要条件。为此，农产品创建主体应对农产品进行实时的质量监督，严防质量不合格的农产品进入市场，才能有效地促进农产品品牌化，提高农产品附加值。

以上六项必要条件，是农产品品牌除一般创建条件之外的特殊条件或着重点，对于农产品品牌的开发都是至关重要的，创建主体在品牌开发过程中务必注意。

【案　例】

农村经纪人创品牌，收购农产品

上海市宝山区现有 89 个农村经纪人活跃在田间地头，“游走”于农、商之间，成为连接农业生产和市场流通的桥梁，带领农民致富的“领头人”。他们均有自己注册的农产品商标，负责下“订单”计划农业生产和销售，并已在市场上打出了名气。如罗店镇农村经纪人鲍祥根，创办了“金篮子”蔬菜园艺场，拥有500吨规模的冷藏库，统一采用“金篮子”商标上市销售。他根据调查所得的市场需求信息，给192个农户下“订单”安排生产，成功解决了农户“卖菜难”。

宝山区的农村经纪人，除面向当地农户，还向浙江、江苏、山东、安徽等地下“订单”收购农产品，与农户讲定收购价格，签订经纪合同。即使遭遇市场变化，经纪人也要自己承担损失。如某经纪人曾向山东收购14吨冬瓜，约定价格为0.18元/斤，但运到上海批发市场的价格只有0.13元/斤，亏损上万元。为了讲诚信，他依照约定付清收购款项。到目前为止，宝山区政府部门尚未接到农户对经纪人的投诉。

（案例来源：王宝来．农村经纪人走在农商间，收购农产品创品牌解决卖菜难．文汇报，2007-08-21）

四、农产品品牌的综合利用

在现代市场经济条件下，企业竞争如果没有品牌支持会越来越被动，而创建一个品牌单靠分散的力量也是非常困难。尤其是农产品，即使有独特的地域优势，单靠一些生产型企业或分散的农产品生产者是不足以创建一个强势品牌的，联合起来共同建设品牌成功的概率远比一个企业单独建设品牌要高得多。对于政府来说，一个地方品牌经济能否发展，关键是看该地区是否能够形成一个足够强势的品牌。为此，品牌整合也就是大势所趋了。

（一）农产品品牌的资源整合

1. 经营形式的整合 对于分散的小规模生产者，首先是要把他们整合成一个统一的组织。有了组织这个载体之后，其他的工作才有办法开展。形成组织的具体形式可以根据具体的情况进行分析。如果产品的生产主体是一般农户，则可以组织合作社，以合作社为主体进行品牌建设；如果具有相当的品牌资源，可以将龙头企业引入进来，引导组织分散的农户进行标准化生产，品牌建设的任务自然由从事加工的龙头企业完成；如果生产主体是由一些小规模生产企业所构成，则可以共同组建行业协会，由协会负责整合各企业的资源去完成品牌建设。

制度与标准的整合与经营形式整合必须是同时进行的，在制定统一的经营管理规章制度的同时，也要制定各企业或农户都必须严格遵守的产品质量标准。在拥有了完善的制度与标准的基础上，要求加工企业和农户都要按既定的制度与标准进行操作。作为品牌创建主体的所有者（协会、合作社、龙头企业或其他组织）负责对各企业、农户的生产情况进行监督检查，以确保每一个单位都能按标准进行生产与经营。

2. 品牌理念及标识的整合　统一分散的小品牌的关键是品牌理念的统一，就是对共同开发、管理品牌的基本认识要一致，将各企业或所有农户的思想进行统一。这需要充分的沟通，在这个环节中要求组织者与下面的成员做一个长期的交流。让每个成员能真正理解和支持品牌的核心价值与品牌个性，维护品牌形象。品牌理念整合的目的是所有成员能接受统一的品牌价值观。

继理念之后就是标识系统的整合，包括形象整合与行为整合。在共用一个品牌的情况下首先要求各个企业要有统一的对外宣传标识。这种统一不仅是在具体的销售场所，而且贯穿在企业经营的各个方面，如企业外观、内部的装潢、员工的着装、宣传的标语等。除此之外，还要对员工的行为进行整合。既然是同一品牌的员工，其对外的反应模式要能反映品牌的特征与个性，员工的一言一行不仅代表他们自己，还代表他们所工作的品牌，在某些时候员工的形象与品牌形象是密不可分的。

（二）品牌延伸策略的利用

品牌延伸至今还没有统一的定义，从事品牌研究的学者们从各自不同的研究领域都对其有各自的理解。营销学方面的定义比较有代表性，一般认为品牌延伸是介于新产品线增加和新品牌增加战略之间的一种发展战略的选择，认为品牌延伸是指一个著名品牌或某一具有市场影响力的成功品牌使用到与成名品牌或原产品完全不同的产品上。还有比较直接的表达：品牌延伸是指在已经确立品牌地位的基础上，将核心品牌运用到新的产品或服务中，从而期望减少新产品进入市场的风险，以更少的营销成本获得更大的市场回报。或者表达为：品牌延伸是指在已有相当知名度与市场影响力的品牌基础上，将原品牌运用到新产品或服务中，以期望减少新产品进入市场风险的一种营销策略。

众所周知，创新品牌的成本及风险越来越大，在发达国家创立一个新品牌的费用大约在 5 000 万～1 亿美元，如果要创建一个具有国际影响力的品牌，则至少需要 10 亿美元的投入，以及几年甚至几十年的时间，即便如此，也无法确保新品牌一定在市场上的成功。多数情况下，新品牌在市场上的存活时间在 3 年以上的不到 30%。因此，如何综合利用现有的品牌，进行品牌延伸就成为品牌实践中相当重要的课题，而且品牌延伸在营销实践中的应用也是很常见的策略。以美国为例，在过去 10 年新上市的消费品中，有 95%是属于品牌延伸的，采用新品牌推出新产品的比例只有 5%。

现代企业一般都会有较强的延伸意识，但是品牌延伸是把双刃剑，运用得好，可以名利双收，如运用不当，不但新产品营销失败，对原品牌的损害也是很严重的。实践中品牌延伸失败的例子举不胜举，如荣昌肛泰到荣昌甜梦口服液的延伸，雕牌由洗衣粉到牙膏的延伸，它们在诉求上显然有着明显的冲突，所以这样的延伸不但无法利用品牌的优势，而且还扰乱了原有品牌在消费者当中的定位，削弱了其在消费者中间已经建立起来的美誉度。延伸是有条件有限度的，没有进行充分的论证分析，盲目延伸是非常危险的。

五、创建农产品品牌的注意事项

（一）农产品品牌的文化背景

许多行业在进行品牌开发时都是通过文化营销来提升其品牌价值的。文化营销就是在农产品品牌中丰富其文化内涵，提高其品牌价值，从而使产品的差异化更为明显，更难以模仿，相对于竞争对手的产品增加营销诉求。就农产品的特点而言，挖掘其文化背景，开发品牌文化，既是必要的，也是可行的。

农产品品牌创建主体可以根据农产品的产地文化资源特点与目标消费人群的需求趋势，依托当地产品历史文化基础，对农产品品牌进行设计，以强化渲染其浓厚的文化底蕴，塑造农产品品牌的个性及特色，丰富品牌的文化内涵，提升品牌价值。

一般成功的品牌都是从规模竞争发展到品牌竞争，而农产品品牌则不然，农产品品牌是由文化差异化发展到产品差异化再发展到企业差异化。所以对于农产品而言，文化品牌比产品品牌和企业品牌更重要。

（二）运用有机、绿色、无公害农产品的概念

在我国，有机农产品、绿色农产品和无公害农产品的概念出现时间并不长，但已逐步被广大消费者所接受，有机、绿色、无公害正在成为农产品环保、健康、安全的代名词。为此许多商家在经营过程中，更是将有机农产品、绿色农产品和无公害农产品的概念演绎

运用，使得有机农产品的价格高于普通农产品50%至几倍，绿色农产品的价格高于普通农产品10%～20%，无公害农产品的价格也略高于一般农产品。由于较高附加值的存在，很多人将有机、绿色、无公害直接理解为农产品的品牌，以至于在品牌塑造过程中不断重复加强农产品的这些概念，造成极大的浪费。

绿色食品70%为加工产品，30%为初级农产品，有机农产品和无公害农产品都以初级农产品为主，因此，可以说有机、绿色、无公害都是农产品营销的概念。正确认识有机、绿色、无公害在农产品品牌塑造中的作用对于正确运用这些营销概念很有必要，也为了澄清有机、绿色、无公害农产品与品牌塑造之间的关系，在全书的最后有必要将有机、绿色、无公害三类农产品的标准概念介绍给广大读者。

1. 有机农产品 有机农业是指按照有机农业生产标准，在生产过程中不使用有机化学合成的肥料、农药、生长调节剂和畜禽饲料添加剂等物质，不采用基因工程技术获得生物及其产物，而是遵循自然规律和生态学原理，采取一系列可持续发展的农业技术，协调种植业和畜牧业的关系，促进生态平衡、物种的多样性和资源的可持续利用。

有机农产品是根据有机农业原则和有机农产品生产方式及标准生产、加工出来的，并通过有机食品认证机构的认证。

有机农产品是天然、无污染、安全营养的食品，也可称为“生态食品”。与其他农产品的区别在于其生产加工过程中禁止使用农药、化肥、激素等人工合成物质，并且不允许使用基因工程技术，而其他农产品则允许有限使用这些物质，并且不禁止使用基因工程技术，这是区别有机与非有机农产品最为显著的标准。

有机农产品在土地生产转型方面有严格规定。考虑到某些物质在环境中会残留相当一段时间，土地从生产其他农产品到生产有机农产品需要2～3年的转换期，而生产绿色农产品和无公害农产品则没有土地转换期的要求。这是区别有机与绿色、无公害概念的标准。

有机农产品执行的是国际有机农业运动联盟的《有机农业和产品加工基本标准》，由于有机农产品在我国尚未形成消费群体，产品主要用于出口，虽然我国也发布了一些有机农产品的行业标准，但我国的有机农产品执行的标准主要是出口国要求的标准。目前，欧盟、美国、日本、澳大利亚、加拿大、墨西哥、阿根廷、韩国等都已制定了有机农业及产品生产、加工准则性的标准。有机农产品的标准集中在生产、加工和储运技术条件等方面，无环境和产品质量标准。

2. 绿色农产品 绿色农产品是按照特定生产方式生产，经专门机构认定，许可使用绿色食品标志的无污染的农产品。其遵循可持续发展的原则：生产的投入量和产出量保持平衡，既要满足当代人的需要，又要满足后代人同等发展的需要。绿色农产品在生产方式上对农业以外的能源采取适当的限制，以更多地发挥生态功能的作用。

绿色农产品执行的是农业部的推荐性行业标准。绿色农产品标准包括环境质量、生产技术、产品质量和包装贮运等全程质量控制标准。目前，农业部发布了 52 项绿色农产品行业标准，其中包括 7 项通用性标准和 45 项产品质量标准。

绿色农产品与一般农产品相比有两项显著特点：一是利用生态学的原理，强调产品出自良好的生态环境；二是对产品实行“从土地到餐桌”全程质量控制。

绿色农产品 1990 年由农业部发起，1992 年农业部成立中国绿色食品发展中心，1993 年农业部发布了《绿色食品标志管理办法》。产生的背景是我国在基本解决了农产品的供需矛盾，农产品农药残留问题引起社会广泛关注，农产品的绿色理念成为社会的需求。绿色食品有统一的绿色食品名称及商标标志，在中国内地、香港特区和日本注册使用。

3. 无公害农产品　无公害农产品是指产地环境、生产过程和产品质量均符合国家有关标准和规范的要求，经认证合格获得认证证书，并允许使用无公害农产品标志的未经加工或者初加工的农产品。这是对农产品的基本要求，严格地说，一般农产品都应达到这一要求。

无公害农产品于20世纪80年代后期在我国开始兴起，2001年农业部提出“无公害食品行动计划”，并在北京、上海、天津、深圳四个城市进行试点，2002年在全国范围内展开。

无公害农产品产生的背景与绿色食品产生的背景大致相同，侧重于解决农产品中农药残留、有毒有害物质等问题。无公害农产品执行的是国家质检总局发布的强制性标准及农业部发布的行业标准。产品标准、环境标准和生产资料使用准则为强制性国家或行业标准，生产操作规程为推荐性行业标准。目前，国家质检总局和国家标准委已发布了四类农产品的八个强制性国家标准，农业部发布了200余项行业标准。无公害农产品执行全国统一的标志。

4. 有机、绿色、无公害农产品之间的关系

(1)区别　首先是目标定位不同。无公害农产品针对规范农业生产，保障基本安全，满足大众消费，只是达到中国普通农产品的质量水平。绿色农产品定位于提高生产水平，满足更高需求、增强市场竞争力，要求是达到发达国家普通食品的质量水平。有机农产品定位于保持良好生态环境，人与自然的和谐共生，要求是达到生产国或销售国普通农产品的质量水平。

其次是运作方式不同。无公害农产品依靠政府运作，公益性认证，其认证标志、程序、产品目录等都由政府统一发布，产地认定与产品认证相结合。而绿色食品只是依靠政府推动，主要还是市场运作、质量认证与商标转让相结合的方式。有机农产品是社会化的经营性认证行为，要因地制宜地依靠市场运作。

(2)联系　无公害农产品、绿色食品、有机食品都是经质量认证的安全农产品。无公害农产品是绿色食品和有机食品发展的基础，绿色农产品和有机农产品是在无公害农产品基础上的进一步提高。三者都注重生产过程的管理，无公害农产品和绿色农产品侧重对影响产品质量因素的控制，有机食品侧重对影响环境质量因素的控制。

农产品品牌开发与塑造离不开农产品的品质，消费者对农产品品牌认同也体现了对其品质的要求，有机、绿色、无公害都是农产品区别于其他产品的品质反应，自然成为农产品品牌创建主体关注的目标，但这三项营销概念在品牌创建方面不具有差异性，它们太容易被模仿和相似了，不能成为品牌要素而成为品牌开发时的诉求使用。只能作为一种品质承诺，在品牌开发早期作为品牌基础条件之一，反对品牌定位有所影响而已。

(三)农产品品牌的其他特点

1. 自然垄断形成的竞争壁垒　农产品生产是自然再生产和经济再生产的统一。农产品生产受自然环境制约的程度较大，自然环境条件(比如光照、温度以及温差、水资源、土壤、地理条件以及主要气候特征等)是农产品品质形成的重要基础。因此，在创品牌方面，许多农产品品牌的形成具有一定的自然垄断性。例如新疆，由于其具有昼夜温差大这一独特的气候优势，使得当地的哈密瓜、葡萄等瓜果类产品因其中的糖分积累远高于其他地区而闻名于天下。这是新疆此类农产品的独特品质优势，其他地区不容易模仿，使得当地农产品的品牌形成具有了独特的竞争壁垒。我国许多地方农产品特产的形成，大多是得益于其特有的自然环境以及资源条件，比如东北的大豆、烟台的苹果、宁夏的枸杞子、福建的鳗鱼、云南的花卉等。

2. 农产品品牌的保护难度较大 与工业产品在封闭式的厂房内生产不同,大多数农产品生产是露天进行的,尤其是种植产品,这使得农业技术的应用程度与效果受自然气候等因素的影响较大,且农业技术容易泄露。例如,蔬菜、水果你能种,我也能种,生产出的产品只要能吃就可以,广大消费者对农产品的质量无法监控,容易被别人假冒,自毁牌子。同时,受动、植物遗传特征的影响,农业生产者也很难单独占有某农产品的品质特征。品质差别难以因生产者的不同而有所区别,这加大了一些农产品品牌的保护难度。

3. 新鲜度及产地来源是农产品品牌的重要因素 农产品的生物性使它不像工业产品那样可以整年生产。由于许多农产品有较强的生产季节性和易腐不耐贮藏性,决定了它们在供给时间上的不均衡性,农产品品质与自然环境的特定联系使得产地成为农产品品牌的重要因素。因此,在创建农产品品牌及名牌时,应十分强调农产品的生产日期(它决定产品的新鲜度)和产地,以此加深消费者对该产品的印象。

4. 创建农产品名牌的实践经验缺乏 虽然总体上我们对农产品经营的品牌商标意识已经大有提高,新《商标法》的颁布实施极大地促进了农产品生产经营者创建品牌和注册商标的热情,但是,在宣传引导农民提高对注册商标的认识以及创建品牌意识方面还做得远远不够,在指导企业用商标宣传商标、用商标开拓市场、占领市场等方面我们还显得力度不够、经营经验不足。从对外贸易方面,品牌商标对加强我国商品在国际市场上的竞争能力具有至关重要的作用。从目前情况看,我国外销的农产品自创商标不多,名牌商标则更少,这已经严重限制了我们开拓未来国际市场的力度。因此,多方探索与尝试适合我国农业特色的农产品名牌和商标经营经验,从政府、企业和农民等宏观和微观两方面加强品牌商标的营销力量,显得十分必要与迫切。

五、创建农产品品牌的注意事项

同其他行业的产品一样，农产品的营销也有品牌问题，由于目前农产品的生产供给者主要以分散而小规模经营的农户（农民）为主，因而传统的农业生产经营方式还未能从根本上得以改变。尽管广大农产品生产者的市场意识有所提高，但品牌意识仍然十分淡薄，加之农产品不像工业产品那样有比较成熟的品牌运作方式和经验，所以农产品的品牌问题始终没能引起足够的重视。

创建农产品品牌，在微观上既丰富了农产品整体概念的内容，也为农产品经营主体在市场上实现差异化竞争提供了必要的竞争手段；宏观上，农产品品牌的创建，既能够从整体上提高我国农产品面向国内外市场的竞争实力，进而提升参与分割世界资源并开拓全球市场的能力，也是使我国农产品生产经营者提高自身竞争素质，达到在市场上长久立足的必由之路。农产品品牌的创建是一项系统工程：它既需要相关区域、企业或组织以及生产经营者等品牌建设主体加强自身在产品、质量以及市场营销等方面的管理水平，最终以品牌闯市场；更需要政府以政策、法律保护等方式在规范市场行为等方面为农产品品牌的建设创造良好的宏观环境。

第七章　农村经纪人经纪活动的其他知识

一、农产品物流与供应链管理

随着农产品物流的发展，农产品供应链管理日益重要，必须把农产品物流和企业的全部活动作为一个统一的过程来管理。农村经纪人必须熟悉农产品物流与供应链管理相关知识，了解不同农产品物流和供应链的特点及不同的供应链模式，适应农产品物流新趋势。

（一）什么是农产品供应链

1. 农产品供应链的含义　农产品供应链是基于农产品这一特殊产品形成的供应链。它通过前馈的信息流、反馈的物料流和信息流执行农业生产资料采购、农产品及加工品生产、销售，进而把农资供应商、分销商、最终消费者连成一体的功能网链结构模式。从供应链物流对象看，农产品供应链可分为粮食供应链、油料供应链、棉花供应链、鲜活农产品供应链等。

2. 农产品供应链的特点

（1）*各类农产品的供应链网链结构各有特色，存在差异*　这种差异具体表现在供应链长度（即所包含的层面数）、供应链宽度（即各层面供应商或客户的数量）、各层面之间的联系方式对于不同的农产品来说各有特色。农产品种类及品种的特性、生产和消费布局、流通渠道和规模等因素直接影响供应链的结构。如棉花主要是纺织服装的原料，生产集中而消费分散，其供应链很长：棉花收购站—轧花厂—棉花公司—棉纺厂—织布厂—印染厂—服装厂—

服装商店—消费者，各层面之间的联系较为紧密。而禽肉、蔬果等鲜活农产品则要求流通环节少，供应链较短。

(2)*农产品供应链重视产、供、销各个环节的协调* 为了完成提供农产品和服务的增值过程，缩短农产品流通时间，减少农产品产后损失，提高物流效率，供应链必须对产前农资供应、农产品生产加工、产后农产品配送、农产品销售和农产品最终消费的各环节进行协调。首先，在采购种子、化肥、农药时，供应链上游淘汰一些实力弱、运作不规范的供应商，选择一家或几家集中供应农资，以保障农产品生产质量。其次，供应链重视和加强农产品产销的衔接。按照产品订单进行生产和加工，建立农产品商品基地；采用先进的加工技术进行农产品深精加工，提高包装水平，促进供应链上流动的农产品增值，并适应市场需求而好销；各企业共同规划农产品流通渠道，设计流通仓库和配送中心，扩大农产品流通范围和数量。最后，农产品供应链是一种逆向的需求“拉动式”物流，必须重视与消费者的信息沟通和引导，提高顾客服务水平。

(3)*农产品供应链各主体之间是战略协作伙伴关系，可以提高物流的快速反应能力* 我国传统农产品物流中，农户、农产品生产商、批发商、加工商和零售商之间一般处于松散联系，企业之间主要是竞争和短期合作关系，追求各自利润最大化，谋求把成本降低或利润增加。农产品供应链则突破了单个企业的边界，将整个供应链上下游所有企业的物流、信息及资金实施一体化管理，相互合作、信息共享，发展企业与企业之间长期、稳定地紧密合作的战略协作伙伴关系，以提高物流的快速反应能力，降低物流成本。

3. 农产品物流采用供应链管理模式的优势 农产品供应链管理是在掌握农产品供应链各环节内在规律和相互联系的基础上，利用管理的计划、组织、指挥、协调、控制和激励职能，对农业生产资料供应、农产品生产、加工、流通、消费各个环节所涉及的物料流、信息流、资金流以及业务流进行的合理调控，以期达到最佳组合，实现资源优化配置，发挥最大的效率，提升农产品价值。农产品供应链管理是组织、集成、优化物流的有效方法，涉及农业产前供应、产中生产和产后销售的物流配置，目的是达到供、产、运、加、销的有机衔接，使产前、产中、产后与市场之间联结成为满意的系统优化运转状态。

作为一种“纵横一体化”的集成化管理模式，农产品供应链管理能带来竞争的时间优势、成本优势和整体优势。首先，供应链通过优选农资供应商、农产品生产加工商、销售商等成员企业，并结成合作联盟，优化农产品物流和信息流的流通渠道，促进信息准确、迅速地反馈，从而最大限度地缩短需求响应时间和市场变化时间，创造竞争的时间优势。其次，农产品供应链管理促进各企业采用先进的技术、设备和科学的管理方法，做到信息共享，有效减少重复工作和资源浪费，增加库存周转率，从而降低物流成本，创造竞争的成本优势。最后，通过战略协作关系的建立，强调各企业把主要精力放在关键业务上，充分发挥每一企业的核心竞争力，实现相互之间优势互补，创造竞争的整体优势。

（二）农产品供应链模式

强有力的主导者和主导权的确立是设立农产品供应链的前提条件。按照主导者的不同，农产品供应链可以划分为农产品批发商主导型模式、农产品加工商主导型模式和大型零售商主导型模式三种类型。每一模式均始于农资供应商，止于最终消费者，但是中间物流环节有差异。由于三种供应链模式各有优劣，同一模式适用于多种农产品，应根据各类农产品物流的特点设计农产品供应链管理模式。

1. 农产品批发商主导型模式　主要通过批发商集散农产品，批发商主导供应链，为供应链的核心企业。该模式主要适于粮食、棉花等大宗农产品。该模式中，核心企业批发商上与生产加工领域相联，下与分销商相接，把他们均纳入供应链来进行管理。批发商通过接受零售商订单，转向生产加工单位订货，使他们决定生产数量，发展订单农业。由于批发商与市场有广泛而密切的联系，可以集成和整合市场对农产品需求和价值的信息，并利用信息技术向上下传递，实现供应链成员信息共享，以指导正确决策，提高供应链对市场的反应能力。但是该模式农产品流通环节较长，物流成本较高，供应链管理难度大。

2. 农产品加工商主导型模式 农产品加工品不经过传统的批发商这个中间环节，而是由主导供应链的加工商直接销售给各级零售商。加工商可选择“基地＋公司＋农民”的龙头加工企业。该模式中，产销直接见面，中间环节相对较少，便于提高物流速度，降低农产品物流时间和成本；加工商按订单组织农产品收购，保证货源后，还可根据市场行情实行“二次结算”，让农民分享农产品加工、流通环节增值的收益，从而提高农民参与市场能力和生产积极性。但是，由于供应链以加工企业为主导，重心在生产加工，往往在农产品流通方面的管理经验不足。

3. 大型零售商主导型模式 主导供应链的零售商向农产品生产基地或产地批发市场集中采购农产品，然后经由配送中心流通加工，配送后再在农产品大型超市、经销公司、专业商店、连锁商店销售。该模式主要适于生鲜食品。这类供应链在国外被喻为“种子——食品”，我国称之为“田头——餐桌”。该模式中，零售商采购谈判能力强，实行集中采购商品（零售商可自建或共建生产基地），建立直接、有效的流通渠道，减少了诸多中间环节，便于实施生产源头卫生安全控制，使产品的品种、质量、数量与价格最大限度地适应市场需求；加工配送中心可以有效保持零售商经营类别和品种的经营规模和完整性，有利于产品品质、加工和管理标准化，增加农产品附加值。该模式要注意配送中心的建立和功能完善，加强对产品的价格、损耗、安全卫生问题的管理。

二、农产品质量安全

随着农产品供求的基本平衡，人民生活水平的日益提高，农产品国际贸易的快速发展，农产品质量安全问题日益突出，成为农业和农村经济发展亟待解决的主要矛盾之一。作为一名合格的农村经纪人，必须了解农产品质量安全相关知识，遵守《农产品质量安全法》及相关法律法规，引导消费者健康消费。

（一）什么是农产品质量安全

农产品是指来源于农业的初级产品，即在农业活动中获得的植物、动物和微生物及其产品。食用农产品，是指主要供人和动物食用的农产品，包括粮、菜、果、肉、蛋、奶、鱼、虾和蟹等。农产品质量安全是指农产品中不应含有可能损害或威胁人体健康的因素，不应导致消费者急性或慢性毒害或感染疾病，或产生危及消费者及其后代健康的隐患。农产品来源于动物和植物，受各种污染的机会很多，其污染的方式、来源及途径是多方面的，在生产、加工、运输、贮藏、销售、烹饪等各个环节均可能出现污染，因此农产品质量安全不仅仅局限于微生物污染、化学物质残留及物理危害，还包括营养、食品质量、标签及安全教育等问题。目前我国农产品质量安全存在的问题，大致可分为兽药和农药残留超标、动物疫病、环境因素造成的有毒有害物质超标及人为的掺杂使假问题。

（二）当前我国农产品质量安全形势

农产品质量安全，是近年来全球都特别关注的热点之一。我国政府对此高度重视，近些年农业部在农产品质量安全控制方面采取了一系列有效措施，如大力推广应用标准化生产技术，开展生产环境的监测监控，加大对农药、兽药等生产资料使用的监管，实施农产品质量安全例行监测、监督抽查，实行市场准入制度和强化农产品质量安全职责等，有效控制了源头的污染，使农产品质量安全水平大幅度提高。

当前我国农产品质量安全保持“总体平稳、逐步向好”的发展态势，抽检合格率保持在较高水平。农业部从2001年7月开始建立农产品质量安全例行监测制度，相继开展了省会城市和大、中城市农产品的定点监测。从2001年的京、津、沪、深四个城市扩大到目前的大、中城市，蔬菜、畜禽水产品的抽检合格率达到并保持在96%以上，特别是2011年，蔬菜、畜禽产品和水产品监测合格率分别达到97.4%、99.6%和96.8%，为农业、农村经济持续稳定发展提供了重要支撑。

此外，我国无公害农产品、绿色食品、有机农产品和地理标志农产品(以下简称“三品一标”)快速发展，无公害农产品、绿色食品、有机农产品和地理标志农产品是政府主导的安全优质农产品公共品牌，也是农业系统主推的四个官方认可性品牌，“三品一标”以标准化生产为载体，在推进农产品生产规模化、基地化和保障农产品质量安全方面发挥了非常重要的引领、示范作用。目前，通过“三品一标”认证的产品总数已达到8万多个，认定产地约占食用农产品生产面积的43%，认证的产品约占食用农产品商品量的1/3左右。

随着社会经济发展，人民群众在对农产品需求呈刚性增长的同时，对农产品质量安全的要求也越来越高，这是社会发展阶段的必然反映。现阶段我国城镇居民和农村居民总体恩格尔系数(恩格尔系数是食品支出总额占个人消费支出总额的比重，是衡量居民生活水平高低的指标，其主要内容为：居民在吃上花的钱占总收入的比重越大，生活水平就越低。根据联合国教科文组织划定的标准，60%以上为贫困，50%～60%为温饱，40%～50%为小康，40%以下为富裕)已降至35%和40%，这个阶段人民群众对质量安全将越来越关注，期望值也会越来越高。绝大多数公众已经由满足“吃得饱”向“吃得好、吃得安全”转变，相当部分居民开始追求安全、优质、营养、健康和特色。这就要求农村经纪人在经纪活动中必须把农产品质量安全摆在重要的位置，对农产品质量安全及风险隐患有清楚认识。

（三）我国农产品质量安全存在的突出问题

我国农产品质量安全水平虽有显著提高，但目前仍存在一些突出问题：一是农药、兽药残留超标，重中之重是禁限用高毒农药、兽用抗菌药。二是违法添加有毒有害物质，比如“三聚氰胺”、“瘦肉精”等。三是个别地区个别产品重金属污染和生物毒素问题突出。比如最近南方部分地区反映的稻米镉超标问题，处理起来难度很大。种植业产品中，最突出的是蔬菜高毒农药超标问题，尤其是限用的农药超标严重，品种主要是豇豆、芹菜、韭菜，超标药物主要有氧乐果、克百威、水胺硫磷。畜产品中，最突出的是瘦肉精问题，品种主要是生猪产品，同时有向牛、羊产品蔓延的倾向，药物主要是盐酸克伦特罗、莱克多巴胺、沙丁胺醇。水产品中，最突出的是孔雀石绿、硝基呋喃超标问题，超标品种主要是鳜鱼、多宝鱼等养殖水产品。

此外，农产品质量安全还存在以下安全隐患，具体为：①农兽药残留；②重金属污染；③外源违法违规添加物；④生物毒素；⑤病原微生物；⑥尚不知道且客观存在的其他危害因子。

农村经纪人应对这些突出问题高度重视，在经纪活动中关注这些问题。

【案　例】

生猪经纪人导致“问题猪”流入市场

2012 年初，嘉兴市南湖区检察院立案查处了湖州市南浔区练市镇农业综合服务中心协检员吴天林与生猪经纪人马伟祥涉嫌动、植物检疫徇私舞弊案。检察官调查发现，吴江市盛泽镇生猪贩销人员在南湖区收购的生猪，并没有按规定在南湖区动物卫生监督所进行检疫及开具检疫合格的相关证明，而是向生猪经纪人马伟祥购买由湖州市南浔区动物卫生监督所开具的动物检疫合格证明。

2011 年 5 月，生猪经纪人马伟祥在南浔区一带帮助客户买猪，最后要将猪拉到镇农业综合服务中心进行检疫并办理检疫合格证明，遂与练市镇畜牧兽医协检员吴天林相识并熟悉起来。2011 年下半年，马伟祥的一个江苏盛泽客户跟他说自己在嘉兴南湖买的生猪，因为当地生猪检疫管理比较严格，合格证明开不出来，能不能想办法到吴天林那里开出来。马伟祥一听当即就同意了，他们把生猪运过去后，马伟祥让吴天林看了一下，没有做任何检疫就开出了检疫合格证明。每张证明马伟祥除了正常的检疫费用外，还根据生猪数量多少获得 100 元至 300 元不等的辛苦费。截至案发，吴天林共为马伟祥非法开具了 100 份检疫合格证明，致使 3 000 余头未经检疫生猪流入市场。

（案例来源：范跃红，李华伟．3 000 余头“问题猪”流入市场，谁之过．检察日报，2012-07-13）

（四）《农产品质量安全法》的相关规定

1.《农产品质量安全法》中规定不得在市场上销售的农产品

（1）含有国家禁止使用的农药、兽药或者其他化学物质的。

(2)农药、兽药等化学物质残留或者含有的重金属等有毒有害物质不符合农产品质量安全标准的。

(3)含有的致病性寄生虫、微生物或者生物毒素不符合农产品质量安全标准的。

(4)使用的保鲜剂、防腐剂、添加剂等材料不符合国家有关强制性的技术规范的。

(5)其他不符合农产品质量安全标准的。

2.《农产品质量安全法》对农产品包装和标识的规定

(1)农产品生产企业、农民专业合作经济组织以及从事农产品收购的单位或者个人销售的农产品。按照规定应当包装或者附加标识的,须经包装或者附加标识后方可销售。包装物或者标识上应当按照规定标明产品的品名、产地、生产者、生产日期、保质期、产品质量等级等内容;使用添加剂的,还应当按照规定标明添加剂的名称。

(2)农产品在包装、保鲜、贮存、运输中使用的保鲜剂、防腐剂和添加剂等材料,应当符合国家有关强制性的技术规范。

(3)属于农业转基因生物的农产品,应当按照农业转基因生物安全管理的规定进行标识。

(4)依法需要实施检疫的动、植物及其产品,应当附具检疫合格的标志、证明。

(5)销售的农产品符合农产品质量安全标准的,生产者可以申请使用无公害农产品标识;农产品质量符合国家规定的有关优质农产品标准的,生产者可以申请使用相应的农产品质量标志。

参考文献

［1］ 王彦勇，刘宏印．农村经纪人培训读本［M］．北京：中国农业科学技术出版社，2011.

［2］ 侯振华．中国农村经纪人［M］．沈阳：沈阳出版社，2010.

［3］ 金发忠．农产品质量安全概论［M］．北京：中国农业出版社，2007.

［4］ 农业部农民科技教育培训中心．农村经纪人读本．北京：中国农业大学出版社，2006.

［5］ 陈锡文．中国农村经纪人［M］．沈阳：沈阳出版社，2010.

［6］ 农业部农村社会事业发展中心．农产品经纪人［M］．北京：中国农业出版社，2010.

［7］ 刘慧娥．农村经纪学［M］．北京：中国农业出版社，2005.

［8］ 冷志杰．农产品供应链管理［M］．北京：中国农业出版社，2007.

［9］ 李季芳．农产品供应链管理研究［M］．北京：经济科学出版社，2011.

［10］ 辽宁省科学技术协会．做合格的农民经纪人［M］．沈阳：辽宁科学技术出版社，2008.

［11］ 李治民，冯韶辉．新农村经纪人培训教材［M］．北京：金盾出版社，2008.

［12］ 张倩，李崇光．农产品物流发展的供应链管理模式及对策［J］．软科学，2008，22(1)：91-93.

［13］ 丁华．供应链管理理论及其在农产品物流企业中的应

用[J]. 中国流通经济,2004,1:17-21.

[14] 李长云,刘畅. 美、日、欧农业产业化经营组织模式比较[J]. 商业研究,2009-12.

[15] 曹苏. 农村合作经济组织发展的法律思考[J]. 商业研究,2011-01.

[16] 杨小东. 农地承包制下农业经营组织的演进与绩效分析——一个制度经济学的视角[J]. 农业经济问题,2009-08:38-42.

[17] 李远东. 我国农业生产经营组织形式变革的实现途径探析[J]. 经济经纬,2009-05.

[18] 修江敏. 青岛1848名农产品女经纪人成为农村致富带头人 http://market.szncnet.cn. 2011-09-27.

[19] 容成权. 百色农村经纪人成致富领头羊. 中国网,2011-02-16.

[20] 孙毅. 从农妇到农村经纪人10年创业成致富带头人[J]. 中国网,2011-12-18.

[21] 周胜新. 养兔踏上致富路——记山东省优秀农村经纪人韩玉状. 中国工商报,2011-09-02.

[22] 章政瑛. 我市5000农村经纪人成致富带头人. 吴江日报,2006-2-10.

[23] 赵宪军,赵瑞琴主编. 农村经纪人培训教程[M]. 石家庄:河北科学技术出版社,2010.

[24] 曾学文. 农村经纪人知识[M]. 成都:四川教育出版社,2010.

[25] 易玉. 农产品经纪人指南[M]. 北京:新农村新青年文库出版社,2007.

[26] 马魁君. 农村经纪人(中级)[M]. 天津:天津教育出版社,2008.